QUELQUES TABLEAUX

DE LA

GALERIE RINUCCINI

DÉCRITS ET ILLUSTRÉS.

FLORENCE.

IMPRIMERIE DE FÉLIX LE MONNIER.

Février 1852.

QUELQUES TABLEAUX

DE LA

GALERIE RINUCCINI.

QUELQUES TABLEAUX

DE LA

GALERIE RINUCCINI

DÉCRITS ET ILLUSTRÉS.

—

La vente de cette GALERIE se fera aux enchères publiques le 1er Mai 1852 — Palais Rinuccini, Fondacci di Santo Spirito, N° 2011 — à Florence.

FLORENCE.

IMPRIMERIE DE FÉLIX LE MONNIER.

—

Février 1852.

N. B. Le numéro de chaque tableau illustré correspond à celui du *Catalogue* imprimé de la Galerie, divisé par Ecoles.

Les mesures sont le mètre français et ses fractions appliquées à la seule superficie de la peinture non compris le cadre.

AVERTISSEMENT.

De toutes les galeries particulières de tableaux que l'on compte à Florence, celle de la maison Rinuccini est une des plus distinguées.

Par suite de la mort du marquis Pierre-François, dernier rejeton de la famille Rinuccini, cette galerie sera vendue aux enchères.

A ces fins, les héritiers, après avoir fait imprimer un Catalogue divisé par Ecoles, ont jugé convenable de publier une illustration des principaux tableaux de la Collection, qui ne monte pas à moins de 700 morceaux de tous genres et de tous pays.

Toutefois, le choix de la Galerie ne se limite pas seulement aux morceaux que nous illustrons: il en est beaucoup d'autres, les portraits, par exemple, qui par leur mérite seraient dignes d'une mention spéciale, et que nous omettons pour n'en pas savoir les auteurs et n'en connaître pas suffisamment les circonstances qui pourraient rendre intéressante leur illustration.

Et comme cette Galerie doit être vendue à la face du public, nous avons estimé bon d'en parler avec simplicité, n'en disant juste que ce qui est nécessaire, afin que nous ne soyons pas suspectés d'avoir loué et magni-

fié ce qui n'en était pas digne. En effet, la plupart de nos illustrations ne sont qu'une simple description, ou exposition du sujet, à laquelle nous joignons les notices sur la provenance quand nous les avons, les titres d'originalité tirés des inscriptions mêmes qui sont dans les tableaux, et enfin les renseignements que nous fournissent l'histoire et les archives de la famille.

CHARLES PINI.
CHARLES MILANESI.

PREMIÈRE PARTIE.

PEINTRES BYZANTINS.

PEINTURE BYZANTINE.

711.   LA TRÈS-SAINTE TRINITÉ.

Panneau sur fond d'or.

Haut 0,75. — Large 0,54.

A la gauche du tableau est assis le Père éternel. Sa barbe est grise, sa tunique blanche et son manteau d'une teinte azurée : il bénit à la manière des occidentaux, c'est-à-dire avec les trois premiers doigts de la main droite, ouverts, et les deux autres, soit, l'annulaire et le petit doigt, fermés ; dans sa main gauche il tient un rouleau écrit, à demi déployé ; une estrade sert d'appui à ses pieds. En haut de la composition se lisent les chiffres $\overline{\text{IC}}$. $\overline{\text{XC}}$ (IHCOYC XPICTOC) *Jesus Christus;* et à côté de la tête, cette inscription : ὁ παλαιὸς τῶν ἡμερῶν *(antiquus dierum)*, selon l'expression du prophète Daniel.

A la droite, sur un escabeau à quatre pieds, recouvert d'un coussin rouge brodé d'or, est assis le Christ, avec une barbe rouge naissante, vêtu d'une robe rouge surmontée d'une clamyde verte rehaussée d'or : ses pieds reposent sur une estrade, et sa main bénit à la manière grecque, croisant le pouce avec l'annulaire, de façon à ce que l'index et l'auriculaire restent droits, et le médius un peu incliné ; de la main gauche il tient un livre fermé appuyé sur le genou du même côté ; au-dessus de sa tête sont les chiffres $\overline{\text{IC}}$. $\overline{\text{XC}}$. Plus haut se voit l'Esprit-Saint, sous la forme d'une colombe avec le nimbe dans un octogone formé de deux carrés, et le mot : Τὸ ἅγιον πνεῦμα *(Sanctus Spiritus)*.

PEINTURE BYZANTINE.

715.   MORT DE LA VIERGE.

Panneau sur fond d'or.

Haut 0,25. — Large 0,20.

Gisante sur un lit près duquel sont deux flambeaux avec des cierges allumés, la Madone, toute vêtue, a les mains croisées sur la poitrine. En avant, est un Juif dont les mains profanes sont restées attachées au lit, tranchées par un Ange qui fait la garde, l'épée dégainée. Aux pieds de la Vierge, Saint Pierre lui donne l'encens; à la tête, Saint Paul et Saint Jean l'Évangéliste la tiennent dans leurs bras. Tout autour sont les autres Apôtres, les saints évêques Denys l'Aréopagite, Iérotée et Timothée, avec le livre des Évangiles. Plus en arrière, des femmes pleurent. Près du lit, le Christ tient un enfant emmailloté de langes blancs, figurant l'ame de la Vierge; une grande splendeur rayonne autour de lui; un chérubin plane au dessus; des maisons forment le fond. Sur le champ d'or, est écrit au vermillon, d'antique caractère grec: ἡ κοίμησις τῆς Θεοτοκοῦ (*Dormitio Deiparæ*).

La composition est en tout point conforme à la liturgie byzantine, tant par la disposition et le style des figures, que par l'inscription qui explique le sujet.

PEINTURE BYZANTINE d'un nommé MERCURE.

719.   SAINT GEORGES.

Sur panneau doré.

Haut 0,22. m. 5. — Large 0,19. m. 5.

Le Saint guerrier, à cheval, la main gauche armée de son bouclier, perce avec sa lance, de part en part, la gueule du dragon.

Sous le ventre du monstre, dans un espace, est écrit en vieux caractère grec: Χεὶρ Μερκουρίου ἱεροάρχου (?), ou ἱερομονάχȣ (?); c'est-à-dire: « *main*, (soit, œuvre de la main) *de Mercure, préposé aux choses sacrées* (?); ce qui équivaut à *moine prêtre* (?). »

Au pied du tableau est écrit tout d'une ligne :

Δέησις τοῦ δούλου τοῦ Θεοῦ Γεωργίου Θαλασήνου καὶ τῆς συμβίου αὐτοῦ Ἄννης καὶ τῶν τεκνῶν αὐτοῦ. Ἄρχοντος Λασκαρέως Θεοδώρου Αὐγούστου βασιλέως. [1]

c'est-à-dire: « *Supplique*, ou mieux, *tablette votive du serviteur de Dieu Georges Talasenos, de sa femme Anne et de ses enfants. Sous le règne de Théodore Lascaris Auguste Empereur.*

PEINTURE BYZANTINE.

718.   SAINTE CATHERINE D'ALEXANDRIE.

Panneau à fond doré.

Haut 0,52. — Large 0,26. m. 7.

La Sainte est représentée avec la couronne et le manteau royal, assise sur un banc orné de figures en grisaille dorée, et surmonté d'un coussin garni également de broderies d'or. Sa main droite est appuyée sur son sein, et de la gauche elle tient le crucifix et la palme posés sur une roue. Par terre, à sa gauche, se voient trois volumes et une sphère astronomique; et à sa droite, un livre ouvert sur un pupître où l'on voit figurée l'Annonciation en grisaille dorée. En haut du tableau est écrit en vieux caractère grec: ἡ ἅγια Ἀικατερίνα (*Sancta Aecaterina*).

Au revers du panneau est collé un placard de parchemin con-

[1] Les paroles qui semblent indiquer l'époque de la peinture, étant toutes, à l'exception du mot Αὐγούστου, écrites en sigles, ont reçu une interprétation purement conjecturale.

tenant le remémoratif authentique : *Pasquale Cicogna Dose di Venecia per la gracia di Dio. La presente Vergine Caterina mi fu donata dall' Ecc.[o] Demitrio greco, che disse era nel Sacrario di Sta Sofia in Costantinopoli. Raccomanda a' suoi successori di conservarla come cosa celeste, e di tenerla più cara d' ognie gran gioia.*

Pasqual Cigonia aff[o]. [1]

(Pascal Cicogna, par la grâce de Dieu, Doge de Venise. La présente Vierge Catherine me fut donnée par l'exc[nt] Démétrius Grec, qui la dit avoir appartenu à la sacristie de Sainte-Sophie à Constantinople. Je recommande à mes héritiers de conserver cette image comme chose céleste, et d'en tenir plus compte que d'aucun trésor.

Pasqual Cigonia aff[o].)

Puis on a ajouté : *Circa l' anno 1750 fu donata dal Ch. messer Iacopo Facciolati, Prefetto degli studj nel Seminario, e Professor pubblico nell' Università di Padova, a Monsignor Giancarlo Boschi, ora Prete Cardinale di S. R. C. del titolo de' SS. Giovanni e Paolo, sommo Penitenziere. Questo dì 10 apprile 1771. Roma.*

(Donnée, environ l'an 1750, par l'Illustris[me] Messire Jacques Facciolati, préfet des études du Séminaire et professeur public de l'université de Padoue, à Monseigneur Jean-Charles Boschi, cardinal prêtre de la Sainte Eglise Romaine du titre des Saints Jean et Paul, grand-pénitencier. Rome, ce 10 avril 1771.)

---

[1] Pascal Cicogna fut élu doge en 1585. — Ses armes, qui sont un écu parti d'argent, avec une cigogne en champ de sable, ont été ajoutées au bas du tableau, à droite.

PEINTURE BYZANTINE.

713. L'ARCHANGE MICHEL.

Panneau à fond d'or.

Haut 0,55. m. 5. — Large 0,27. m. 5.

Beau et sévère est l'air de tête de cette majestueuse figure en pied. Un bandeau de couleur verte lui tient réunie et divisée sur le front sa longue chevelure, au sommet de laquelle brille une flamme. Un ample manteau rouge drape son corps recouvert d'une cuirasse dorée; à son dos sont attachées de longues ailes aux plumes diaprées. Sa main gauche repose sur une longue épée dégainée, et sa main droite tient déroulée une banderolle de vélin où est écrit de caractère grec antique :

Οὐκ ἔτι
φλογίνη
ρομφαία
φυλάττει
τὴν πύλην
τῆς Ἐδὲμ

« Ce n'est plus avec le glaive flamboyant qu'il garde la porte de l'Eden. »

En haut se lit en lettres de cinabre :

Ὁ Ἀρχάγγελος
Μιχαὴλ

« L'Archange Michel. »

PEINTURE BYZANTINE.

717.   SAINT ÉLEUTHÈRE.

Panneau à fond doré

Haut 0,25. m. 5. — Large 0,20. m. 5.

Le Saint évêque est vu à mi-corps, avec le pallium. Il porte
la barbe grise. Sa tête nue est rasée sauf une couronne de cheveux.
Il est surmonté d'une inscription en lettres de cinabre: Ὁ ἅγιος
Ἐλευθερίος (*Sanctus Eleuterius*). Derrière le tableau est écrit en en-
cre noire: Ὁ ἅγιος Ἐλευθερίος ἐπισκοπος τοῦ ἰλλιρικοῦ (*sic*).
(*Saint Éleuthère évêque d'Illyrie.*)

L'Iconographie chrétienne des Grecs et des Latins place parmi
les évêques Saint Éleuthère; seulement elle le fait jeune et avec la
barbe naissante.

PEINTURE BYZANTINE.

712.   SAINT NICOLAS. (?)

Panneau à fond doré.

Haut 0,54. m. 5. — Large 0,27. m. 2.

Saint anachorète, demi-figure, à longue barbe et cheveux
blancs, la tête couverte d'un bonnet à pointe et oreillettes, tunique
blanche et manteau rouge par dessus; dans la main droite une crosse
et aux deux mains une bande déroulée où est écrit en caractèrc
grec antique:

κράτει τῆς κοιλίας πρὶν αὐτή σοῦ κρατείσῃ (sic) καὶ τότε μέλλεις μετ' αἰσχύνης ἐγκρατεύεσθαι. Ce qui veut dire : « *Commande à ton ventre avant que ton ventre te commande ; autrement tu risquerais, à ta grande honte, de devenir son esclave.* »[1]

Du côté droit du manteau et dans la bordure est écrit à la céruse : Δεκάρχου
ἱερέως

De Decarcos[2] *prêtre.* Du côté gauche, est écrit également à la céruse, sur le bord du manteau : AXΞA, sigle d'une signification incertaine pour nous.

Au-dessus de la tête, tracés au cinabre, et à demi effacés, sont les mots : Ὁ ἅγιος Νικολαος (?) ὁ βλαα.... (*Sanctus Nicolas?*)

PEINTURE BYZANTINE.

720.

SAINT SPIRIDION.

Panneau à fond d'or.

Haut 0.25. — Large 0,18. m. 5.

Figure assise en chaire ; avec la chape et le pallium ; une barrette obscure sur la tête. De la main droite elle donne la bénédiction suivant le rite grec, et de la gauche elle tient un livre ouvert sur son genou. Sur le champ, dans la partie supérieure du tableau, est écrit en vieux caractère grec : Ὁ ἅγιος Σωηρίδων (*Sanctus Spiridon*) ; et sur le livre : Εἶπεν ὁ κύριος · ἐγώ εἰμι ἡ θύρα, δι ἐμοῦ ἐάν τις εἰσέλθη σωθήσεται, καὶ εἰσελεύσεται καὶ ἐξελεύσεται. (Évang. selon

---

[1] Le verbe ἐγκρατεύεσθαι dans les meilleurs lexiques se traduit par *se contenir ; être tempérant, se modérer*. Suivant la signification qu'ils lui donnent, il faudrait traduire ainsi la dernière période de notre sentence : *et alors tu devras, à ta grande honte, te modérer*.

[2] Le mot δέκαρχος pourrait aussi se rendre par *Décurion*, chef de dix ; et encore par *Doyen*.

Saint-Jean, chap. 10. v. 9.) « *Le Seigneur dit : c'est moi qui suis la porte; celui qui entrera par moi, sera sauvé, il entrera et il sortira, et il trouvera sa nourriture.* »

L'iconographie chrétienne grecque et latine a aussi représenté Saint-Spiridion parmi les Saints Évêques; seulement la devise est diverse.

SECONDE PARTIE.

ANCIENS PEINTRES ITALIENS.

JUSQU'À GHIRLANDAIO.

JEAN DE PISE. Fleurit vers la moitié du XIVe Siècle.

136.   **MADONE ET PLUSIEURS SAINTS.**

Panneau à fond doré, de forme ogivale,
encadré d'une bordure moderne.

Haut 2,22: m. 5. — Large 2,9. m. 6.

Dans le centre est assise la Vierge, avec l'Enfant à son giron.
A droite, sont, Sainte Agathe et Saint Étienne; à gauche, Saint
François et Sainte Christine (?) : figures en pied, plus petites que nature. Dans deux compartiments superposés, sont deux demi-figures
de prophètes. Dans les trois pignons de ce grand triptyque se voient,
Notre Seigneur en croix, avec Marie et Saint Jean; l'Ange Gabriel
annonçant, et la Vierge Marie annoncée. A chacun des pilastres qui
forment les côtés, trois figurines représentent des Saints. Dans l'un,
Sainte Catherine martyre, Sainte Elisabeth de Hongrie et Saint Augustin; dans l'autre, Saint Nicolas, Sainte Claire et Saint Laurent.
Le nom du peintre est écrit d'or au bas du tableau, ainsi qu'il
suit :

IOHANES . DE. PISIS . PINXIT.

Cette peinture est connue dans l'histoire de l'art. Le Da Morrona, dans sa *Pisa illustrata*, tome II, pag. 435, deuxième édition,
en fait mention comme appartenant au Musée du cardinal Zelada,
à Rome, annonçant qu'il en serait publié un contour par D'Agincourt
dans son grand ouvrage sur les beaux arts. En effet, l'auteur français la reproduisit, planche CXXVIII, section de la peinture; et
l'on relève de cette gravure, que ce tableau était alors accompagné
d'un gradin contenant cinq sujets de la vie de Saint Étienne : il
ajoutait que le sort de ce tableau, qu'il avait fait dessiner trente ans
avant, lui était inconnu. M. Rosini qui en parle dans sa *Storia della*

Pittura Italiana, v. II, p. 180, sur la foi de D'Agincourt et en se servant des mêmes paroles, n'en sait pas plus que lui.

Voyons à présent de dire quelque chose de ce Jean de Pise.

Le Da Morrona, ouvrage cité, indique, dans le monastère de Sainte Marthe, un tableau de Notre-Dame au milieu de quatre Saints, demi-figures avec la souscription: IOHES . NICCOLAI ME PINX . AN. DNI . MCCC. . .[1] Il cite également un Saint-Jean-Baptiste dans l'église de Saint Pierre in Vinculis signé: GIOVANNI DI NICCOLA DA PISA. MCCCLX. , qu'il faut croire du même auteur.

Lanzi, *Storia della Pittura*, v. I, p. 53, dit que le triptyque Rinuccini *pourrait bien être* de la même main que le retable de Sainte Marthe. On serait induit de la sorte à ne faire qu'un de notre *Jean de Pise* avec le *Giovanni di Niccola* que nous venons de nommer, ce qui n'est pas, et nous nous rangeons volontiers, avec Da Morrona et M. Rosini, à l'avis que ce sont deux peintres distincts,[2] non seulement parce que le tableau Rinuccini est d'une manière moins surannée et plus gracieuse que le tableau du monastère pisan, mais encore par la raison que s'il était du même peintre, il aurait infailliblement ajouté à celui-ci son nom patronymique comme dans celui de Pise.

Et puisque nous en sommes à conjecturer, serait-il si déraisonnable de croire que le triptyque que nous analysons puisse être de ce *Jean de Pise*, disciple de Lippo de Sienne, c'est-à-dire de Lippo Memmi, dont il est donné connaissance dans le document suivant inédit: « *1326. 9 marzo (stile comune 1327). Lippo dipengnitore die avere nove di marzo, el quale fiorino li rimanemo a dare per la dipentura del beato santo Ansano: sono messi a escita. . . . . 1 fior.* »

« *Anne auti per detto tenpo uno fior. doro in mano di Giovanni*

---

[1] Actuellement à l'Académie des Beaux-Arts de Pise. M. Rosini l'a donné gravé, planche XII de son Histoire.

[2] Nous doutons cependant que jamais se réalise le souhait de M. Rosini, *qu'il soit avéré par quelque découverte, que ce tableau du monastère de Sainte Marthe soit de Jean de Pise, sculpteur, fils de Nicolas Pisan*, attendu que ce Jean de Pise mourut en 1520, come le note Vasari.

suo discepolo da Pisa. » (Archivio delle Riformagioni di Siena. — Libro *Debitori e Creditori del Comune*, Classe C. Nº 16.)

(1326. 9 mars (style vulgaire 1327). *Lippo peintre doit avoir au neuf de mars, lequel florin nous lui restons devoir pour la peintre du bienheureux Saint Ansano : ci, en dépense.* . . . . . . *1 flor.*

Payé pour ce dit temps un florin d'or entre les mains de Jean son disciple de Pise. — Archives delle Riformagioni de Sienne : Livre *des Débiteurs et Créanciers de la Commune*, Classe C. Nº 16.)

Ce document peut fournir aussi à la critique un bon argument contre l'opinion invétérée qui fait de Giotto le chef universel de l'école.

GADDI (Taddeo), peintre florentin, disciple de Giotto. — *Né environ l'an 1300, vivait encore en 1366.*

138. MADONE AVEC L'ENFANT-JÉSUS ET DEUX SAINTS.

Triptyque en ogive et à volets, sur panneau d'or.

Haut 1, 22. — Large 1,12.

Dans le compartiment du milieu, Notre-Dame se détache à mi-corps d'un soubassement de pierre. De la main gauche elle tient un livre ouvert, dans lequel sont écrits les deux premiers versets du *Magnificat ;* de la droite, elle indique au-dessous d'elle un point ; où plus tard on a peint un Enfant-Jésus. Au vantail droit, est un Saint Dominique ; au gauche, un Saint Paul ; figures en pied.

On attribue cette peinture à Gaddi : rien ne milite contre cette opinion. On y observe en effet une grace jointe à une certaine noblesse de forme et sévérité d'expression qui sont toutes caractéristiques de Taddeo ; elle est en outre très-bien conservée.

ÉCOLE FLORENTINE du XIVᵉ siècle.

133.   SAINT BERNARD.

Tablette ogivale.

Haute 0,50. — Large 0,14. m. 8.

Saint Bernard, figure entière, vêtue de blanc, avec la barrette rouge en tête, tient un livre dans la main gauche et avec la droite bénit un homme agenouillé, en oraison à son côté droit.

Au revers du tableau est écrit en lettres courantes du temps : *Adi sei daprile 1380 fecie fare io franciescho di iachopo.*

(Ce six avril 1380 fait faire par moi François fils de Jacques.)

PANICALE (MASOLINO DA), peintre florentin, disciple de GHERARDO STARNINA. — *Né environ en 1403, mort environ en 1440.*

125.   COURONNEMENT DE LA VIERGE.

Panneau à fond doré.

Haut 1,16. — Large 0,58.

La Vierge portée par des nuages éclatants qui ceignent une gloire d'or, est assise à la droite de son divin Fils de qui elle reçoit la couronne. Au-dessous, dans un champ d'azur, sont assis deux gracieux petits Anges qui jouent, l'un de l'orgue, l'autre de la harpe.

Nous laissons à ce tableau le nom de Masolino que lui assigne le catalogue, bien que son exécution semble appartenir plutôt à l'école de Beato Angelico.

CRIVELLI (CHARLES), peintre vénitien du XVe siècle, disciple de JACOBELLO DEL FIORE.

463.   MADONE AVEC L'ENFANT.

Sur bois.

Hauteur 1,49. — Largeur 0,65.

Notre-Dame richement vêtue est assise sur un siège de marbre sculpté, au dossier duquel est attachée une tenture et des deux côtés pendent des fruits liés en festons. Sur son genou droit est l'Enfant-Jésus qui, appuyé au bras gauche de sa Mère, dort paisiblement, dans une attitude si naturelle qu'il semble vivant. Pendant ce temps, la Vierge soulève délicatement le voile qui couvre en partie son Fils. Il respire dans son visage un amour respectueux, une grace pure qui n'ont rien des affections terrestres. Dans le socle du siège est écrit en lettres romaines : OPVS. KAROLI. CRIVELLI. VENETI. 1476.

QUATRE SAINTS, FIGURES ENTIÈRES.

Sur quatre panneaux.

Hauts 1,56. — Larges 0,41. — chacun.

466.

Sainte Catherine, Vierge d'Alexandrie, figure en pied, avec les insignes royaux, appuye la main droite sur l'instrument de son martyre et de la gauche tient une palme. Elle tourne le visage à droite et soulève en haut le regard avec un sentiment inspiré.

3

467.

Saint Pierre, vêtu pontificalement, la crosse dans la main gauche, un livre avec les clefs dans la droite; figure imposante de port et de visage, regard plein de vie et d'expression.

468.

Saint Dominique, vu en silhouette à droite, tient de sa main gauche un livre et un lis, et de l'autre se frappe la poitrine.

469.

Saint Jean-Baptiste, la poitrine couverte d'une peau, le corps, des épaules à la ceinture, enveloppé d'une draperie, indique de la main droite les mots *Ecce Agnus Dei*, écrits sur une bande qu'il tient de la main gauche, avec la Croix. Il est debout, la tête baissée, dans une profonde méditation. Autour de lui le site alpestre est ceint de rochers; à ses pieds coule le Jourdain mystique.

QUATRE SAINTS, EN PIED.

Deux Panneaux.

Hauts 0,86, m. 7. — Larges 0,55. m. 2

462.

Saint Jérôme et *Saint Pierre martyr*, figures entières; le premier en costume de cardinal, un livre dans la main droite, une église dans la gauche, et à ses pieds un lion qui lui montre sa patte percée par une épine; le second, les mains jointes, les yeux élevés au ciel pleins de foi et de résignation, a un coutelas enfoncé dans le crâne; et dans la poitrine un poignard.

464.

Saint Michel et *Sainte Lucie*. L'Archange tenant la balance dans la main gauche, brandit de l'autre main une épée, dans l'acte

de frapper le Démon terrassé sous ses pieds. — La Vierge de Syra-
cuse, d'une adorable beauté et pureté, porte à sa droite le prix de
son martyre, et dans sa gauche tient ses yeux posés sur une coupe.

QUATRE SAINTS, DEMI-FIGURES.

Deux panneaux.

Hauts 0,56. — Larges 0,79. m. 5.

470. 465.

Sur l'un, *Saint François* et *Saint André Apôtre;* sur l'autre,
Saint Thomas d'Aquin et *Saint Étienne protomartyr;* demi-figures
grandes comme nature.

Ces neuf morceaux (du N° 462 à 470) parfaitement conservés
et dignes de figurer dans les galeries du premier ordre, ne for-
maient une fois qu'un seul et même tableau qui faisait partie de la
collection du Cardinal Zelada à Rome, où D'Agincourt le vit et en
fit dessiner le compartiment du milieu, c'est-à-dire celui qui représente la Madone et l'Enfant-Jésus, qu'il publia comme échantil-
lon dans son Histoire de l'Art, planche CXXXVIII, section de la
Peinture. Nous relatons ici le jugement que cet écrivain porte de
Crivelli, principalement d'après l'examen de la peinture qui nous
occupe. « Tout ce que l'Art avait acquis de simplicité et de grace
» dans le dessin, au XVᵉ siècle, se retrouve dans la figure de la
» Vierge représentée sur la planche CXXXVIII. Ce tableau est
» en détrempe, et porte la date de 1476. Il est de *Charles Cri-*
» *velli,* peintre vénitien. On y remarque dans les formes une
» imitation du style propre à l'époque précédente, et que l'usage
» prescrivait encore pour ces sortes de sujets.... Le faire de Cri-
» velli est d'un fini très agréable. »

Charles Crivelli est moins connu à Venise, sa patrie, que
dans la Marche d'Ancône, où il mena une longue et laborieuse vie, la-

laissant partout de nombreuses et remarquables productions. Il fut élève de Jacobello del Fiore, qu'il se complut à imiter dans cette richesse d'ornements qui sont devenus un des cachets de ses œuvres. Il arriva à un âge si avancé, qu'on peut dire qu'il toucha les deux bouts du XVe siècle, toujours travaillant. [1]

Son dessin est fier et résolu, ses têtes unissent à l'animation une grande vérité et un sentiment profond. Sous sa main, la détrempe acquiert un tel degré de charme et de vigueur qu'elle n'a rien à envier à l'huile. Il peignait admirablement les animaux, les fleurs, les fruits ; il excellait dans tous les accessoires tels que broderies, étoffes, brocarts qu'il se faisait un jeu d'imiter jusqu'au moindre détail ; en un mot il rechercha et poursuivit avec acharnement la parfaite imitation du vrai, et sous ce rapport il surpassa tous ses contemporains.

GOZZOLI (Benozzo), peintre florentin, disciple de Fra Giovanni Angelico. — *Né en 1424, mort en 1485 ?*

131. MADONE AVEC DIFFÉRENTS SAINTS.

Sur bois.

Hauteur 1,58. m. 5. — Largeur 1,70. m. 8.

La Vierge assise tient debout sur ses genoux le Divin enfant dans l'action de bénir. En arrière du trône, sont quatre gracieuses

[1] Les notices que l'on a de ce peintre remonteraient, s'il en faut croire Orsini (*Guida d'Ascoli*), à 1414, date qu'il trouve dans un tableau de l'église paroissiale de Saint Grégoire le Grand, et viendraient finir en 1492, date du tableau de la Conception, au couvent des Franciscains de Pergola ; ce qui lui assignerait une longévité peu croyable. Si l'on veut avoir plus de renseignements sur Crivelli, on n'a qu'à consulter l'ouvrage de M. Ricci, *Memorie delle Arti e degli Artisti della Marca di Ancona*, I, 205 et suiv.

figures d'Anges; à droite, Saint Jean-Baptiste et Saint Zanobi couvert d'un riche pluvial superbement historié; à gauche, Saint Pierre et Saint Dominique; et sur le devant, Saint Jérôme et Saint François agenouillés.

Le nom de Benozzo Gozzoli, assigné à ce tableau dont la conservation, l'exécution et le dessin sont excellents, ne nous paraît point déplacé. Peut-être est-ce un de ceux, en grand nombre, cités par Vasari sans en donner le signalement.

SANO, ou **ANSANO** (DI PIETRO), peintre siénois, disciple de STEFANO di GIOVANNI SASSETTA. — *Né en 1405, mort en 1481.*

306.   **HISTOIRE DE SAINT JÉRÔME.**

Sur bois.

Hauteur 0,25. m. 8. — Largeur 0,78. m. 5.

A droite, sous un portique, on voit Saint Jérôme à genoux, qui arrache l'épine de la patte du lion, tandis que deux compagnons du Saint s'arrêtent épouvantés à cette vue. A gauche, l'animal est représenté au moment où voyant venir les marchands avec les chameaux chargés, conduits par l'âne volé qui fut son compagnon au monastère, il les met en fuite par ses mugissements et les fiers battements de sa queue, et chasse devant lui les chameaux et la bête de somme qu'il mène au monastère. Le fond est composé d'un paysage montueux semé de châteaux et de cèdres et peuplé d'hommes et d'animaux.

310.   **VISION DE SAINT JÉRÔME.**

Sur bois.

Hauteur 0,25. m. 5. — Largeur 0,55. m. 6.

Un Saint jeune homme est flagellé par deux Anges, en présence d'un juge assis dans une large stalle, aux deux côtés de laquelle se tiennent quatre gracieuses jeunes femmes, dans l'attitude de la compassion. La scène se passe sous le péristile d'un temple d'ordre corinthien. Cette composition est pour figurer le châtiment que Saint Jérôme, étant jeune, eut en rêve pour son trop grand amour de la lecture des sages de la terre, comme il le raconte lui-même dans sa lettre à Eustochie, la jeune et illustre fille romaine.

311.   AUTRE VISION DU MÊME SAINT. — SA MORT.

Sur bois.

Hauteur 0,25. m. 5. — Largeur 0,56. m. 6.

Sujet divisé en deux épisodes. Dans le premier, le Saint assis devant un pupitre, suspend d'écrire à la vue de Saint Grégoire qui lui apparaît entouré d'une grande lueur; dans l'autre, il est étendu mort; son cadavre recouvert d'un linceul est environné de treize confrères qui pleurent leur maître et démontrent de diverses manières leur profonde douleur de sa perte.

312.   SAINT JÉRÔME PÉNITENT.

Sur bois.

Hauteur 0,25. m. 5. — Largeur. 0,55 m. 6.

Vêtu d'un sac, Saint Jérôme à genoux fait pénitence devant sa grotte. Tout autour sont des orangers, des cèdres et des palmiers; sur le terrain, des cerfs, des scorpions et des serpents, et dans le fond, des châteaux au sommet des rochers.

313.   DEUX SUJETS DE LA VIE DU MÊME SAINT.

Sur bois.

Hauteur 0,25. m. 5. — Largeur 0,55. m. 6.

Le premier. — Saint Jérôme, debout dans sa cellule, est frappé d'étonnement à l'apparition céleste de Saint Grégoire et de

Saint Jean-Baptiste. — Le second, intérieur d'une chambre. Deux hommes assis, en toge, voient apparaître dans une gloire Saint Grégoire au milieu des Apôtres, précédé d'une légion de chérubins.

Ces deux sujets sont tirés de la *Légende de Saint Jérôme*, dont un fragment, d'ancienne version inédite, a été publié par le journal *L'Etruria*, dans sa livraison du mois de novembre 1851.

314.   SUJETS DE LA VIE DE SAINT JEAN-BAPTISTE.

Trois panneaux dans un même cadre.

Hauts 0,27. — Larges, celui du milieu, 0,20. — Les deux autres, 0,9.

Au centre, la naissance de Saint Jean-Baptiste ; à gauche, les femmes près du foyer occupées des apprêts pour l'accouchée ; à droite, le petit Saint Jean, prenant congé de son père, afin d'aller dans le désert.

Sano, ou Ansano, di Pietro di Domenico, naquit à Sienne en 1405 et y mourut en 1481. Bien qu'oublié par Vasari, il doit être tenu pour un des plus grands peintres de la riante et féconde école qui fleurit dans cette ville. Il y surpassa tous ses rivaux pour la beauté et la simplicité du style, pour la suavité de l'expression et la pureté céleste de ses Vierges. Sa manière se rapproche tellement du sentiment religieux et de la vaguesse de couleur de Fra Giovanni de Fiesole, qu'on la surnommé à bon droit le Beato Angelico de l'école siénoise.

Les six morceaux que nous venons de décrire, parfaitement conservés, appartiennent au faire le plus naïf et le plus fini de ce maître pieux, qui enrichit sa patrie de peintures sur bois, sur murailles et sur parchemin, ayant excellé dans ce dernier genre parmi les miniateurs de son temps. (Voir le *Commentaire*, pag. 183 et suiv. du VI vol. de Vasari ; édit. *Le Monnier*.)

ÉCOLE FLORENTINE du XVe siècle.

137. NOTRE-DAME ET PLUSIEURS SAINTS.

Sur bois.

Haut 1,46. — Large 1,69.

L'Enfant-Jésus assis sur les genoux de sa Mère qui, placée sur un trône, le contemple gracieusement, tient de la main gauche un chardonneret, tandis que de l'autre main il bénit. A droite, Saint François en acte d'adoration, et auprès de lui, à genoux, une dévote femme vêtue de noir, la tête et les épaules recouvertes d'un voile ; à gauche, l'Ange Raphaël qui conduit l'enfant Tobie dont la main gauche tient le poisson. Derrière le dossier du trône on aperçoit des cimes de palmiers, de cyprès et de sapins.

Cette peinture appartient indubitablement à la belle école florentine de la fin du XVe siècle, et rappelle assez la manière de Cosimo Rosselli.

BOTTICELLI (SANDRO), peintre florentin, élève de FRA FILIPPO LIPPI. — *Né en 1447, mort en 1515.*

132. PORTRAIT DE JEUNE FEMME.

Sur bois.

Haut 0,46. m. 5. — Large 0,57.

Cette jeune femme vue de profil à droite, avec ses cheveux réunis sous un voile blanc dont un pan lui retombe sur les épaules, son vêtement noir et le cordon de même couleur qu'elle a passé au cou, nous rappelle tout ensemble la *bella Simonetta*, du même peintre, que l'on admire à la galerie Pitti.

Nous croyons devoir enregistrer ici, sous le nom de Botticelli, ce portrait que le livret déjà imprimé donne à Ghirlandaio, auquel certainement il n'appartient pas.

128.   SAINT JEAN DANS LE DÉSERT.

Sur bois.

Haut 0,50. m. 5. — Large 0,51. m. 5.

Debout, il montre de la main droite la Croix qu'il tient dans la gauche avec la légende *Ecce Agnus Dei*. Le site est sauvage. Des arbres et des animaux sont semés ça et là. Dans le lontain se déploie la ville de Florence. Le Saint est une belle figure ; le paysage et tous les autres détails sont traités avec un soin extrême, comme Botticelli avait habitué de faire.

PERUGINO (PIETRO), peintre vénitien, *travaillait de 1494 à 1512.*

453.   SAINT MARC, SAINT JÉRÔME ET SAINT GÉRARD.

Sur bois.

Hauteur 1,55. — Large 1,46. m. 5.

Les trois Saints, en pied, sur un degré, se détachent sur autant de niches feintes ; Saint Marc, au milieu, dans l'acte d'écrire l'Évangile, Saint Jérôme à droite lisant dans un livre, et Saint Gérard à gauche, avec les insignes épiscopaux, la crosse et un livre

4

à la main. Chacun d'eux porte son nom écrit sur le socle qui est à
ses pieds. Dans un des rentrants du degré, entre Saint Marc et
Saint Gérard, est écrit en grosses lettres courantes :

Pietro Perugino

pinx. anno 1512.

Pour qui n'a pas le tableau sous les yeux, il semblerait que
cette inscription se rapporte au fameux Pierre Pérugin (Pietro
Vannucci); mais il n'en est rien. Il n'y a pas le moindre rapport
entre ce maître et celui de Pérouse, ou même son école; il se rapproche au contraire tellement du gracieux style de Jean Bellin, qu'on
pourrait le croire formé à ses leçons.

A l'appui de notre opinion sur la qualification vénitienne de ce
tableau, outre la manière dont il est peint, nous avons la provenance du tableau lui-même, qu'il nous résulte avoir été apporté de
Venise à Florence par un marquis Grimaldi de qui le marquis Rinuccini l'acquit par un troc. En outre, nous avons encore l'existence d'un peintre de ce nom, à Venise, contemporainement à
Vannucci.

En effet, Cicogna rapporte (*Iscrizioni Veneziane*, v. I, p. 47)
qu'en 1494 *de man de un Perosino*, fut peint pour l'école de Saint
Jean–Évangéliste de Venise un tableau où était représenté le mi-
racle de la Sainte Croix, lequel ayant été brûlé, fut refait en 1588.
Nous n'hésitons pas à affirmer que ce *Perosino* ne soit le même
Piero Peroxini qui le 14 août de cette année 1494, contracta avec
le Doge Augustin Barbarigo de peindre à fresque, dans la salle du
grand conseil, les images des Doges, la fuite du pape Alexandre III
chassé de Rome par Barberousse, et la bataille de Spolette.

Gaye[1] et Cadorin[2] qui ont publié le texte de ce contrat, com-
mirent l'erreur de le rapporter à Pierre Pérugin (Pietro Vannucci);

---

[1] *Carteggio inedito di Artisti* ec., II, 69, 70.
[2] *Dei miei studj negli Archivi. Discorso letto nell' Ateneo di Venezia* (1846).

mais les arguments émis dans la quatrième partie du commentaire
à la vie de Pierre Pérugin, édition de Vasari par Félix Le Monnier,
vol. VI, corroborés encore par l'examen du tableau dont nous nous
occupons, nous conduisent à cette conclusion, que le *Piero Peroxini* du contrat du Doge et le *Perosino* du tableau détruit de Saint
Jean-Évangéliste, de Venise, ne font qu'une seule et même personne avec le *Pietro Perugino* signé au bas du tableau que nous illustrons. C'est aussi l'opinion de M. Rosini.[1] D'ailleurs, le nom de
Perugini n'est pas étranger à Venise. Il y a eu, et il y a encore des
familles de ce nom dans cette ville, et peut-être ce *Giovanni Peroxino* qui peignit, dans les commencements de 1500, un tableau aux
conventuels d'Alba, fut-il Vénitien.[2]

La différence qu'on relève dans l'inscription n'est pas non plus
une difficulté, étant évident qu'elle a été restaurée et altérée ; ainsi
l'*x* de *Peroxino* a été transformé en *g*, pour faire *Perugino*. Les
noms des Saints dans les ovales du bas, sont pareillement retouchés
et maladroitement recalqués. Par exemple, celui de Saint Gérard est
écrit ainsi : S. GERARDUS. GREDUS. MART. ; tandis qu'il est clair qu'on
a dû dire *Gerardus Sagredus*, qui est le nom d'un Saint évêque et
martyr de Venise, et que c'est l'ineptie de celui qui a retouché,
qui a supprimé la première syllabe.

Nous conclurons par faire observer que le tableau de *Perosino*,
à Saint Jean-Évangéliste, de Venise, n'existant plus, que les fresques de la salle du grand conseil n'ayant pas été exécutées,[3] le beau
tableau de la Galerie Rinuccini en acquiert d'autant plus d'importance qu'il est l'unique spécimen de l'habileté de ce peintre vénitien qui est une nouvelle acquisition de l'histoire de l'art.

---

[1] *Storia della Pittura Italiana*, III, 189, 190. La mémoire a fait défaut
à M. Rosini, qui rapporte l'inscription de ce tableau en latin (ouvrage cité, III, 189,
190.)

[2] Lanzi, *Storia Pittorica*, v. V, p. 564.

[3] Vasari, édition Le Monnier, vol. VI, pag. 72.

GHIRLANDAIO (Domenico del), peintre florentin. — *Né en 1449, mort vers 1498.*

127.   MADONE AVEC L'ENFANT.

Panneau.

Haut 1,1. — Large 0,60. m. 8.

L'Enfant-Jésus est assis sur les genoux de la Vierge, feuilletant un livre qu'elle tient de la main droite. Des deux côtés d'un trône magnifique, fait en forme de stalle, surgissent des branches de lis et des roses blanches et vermeilles. Ce joli tableau est bien conservé.

ROBBIA (Luca della), sculpteur florentin. — *Né en 1400, mort en 1481.*

56.   BAS-RELIEF DE TERRE CUITE.

Haut 0,55. — Large 0,52. m. 6.

C'est le modèle original de l'un des merveilleux compartiments que Luca exécuta en marbre, dans de plus grandes proportions, pour l'ornement de la tribune d'orgue placée au-dessus d'une des portes de Sainte-Marie-des-Fleurs, et qui font à présent l'admiration de tous les connaisseurs dans la Galerie de Florence. Il représente un charmant groupe d'enfants qui dansent au son de longues trompettes dont jouent d'autres enfants plus adolescents.

PEINTRES ITALIENS

DE RAPHAËL À SALVATOR ROSA.

SANZIO (Raphaël), d'Urbin, peintre et architecte, élève
de Pierre Pérugin. — *Né en 1483, mort en 1520.*

382.   SAINTE FAMILLE.

Sur bois.

Haute 1,56. — Large 1,7. m. 4.

Vasari, dans la vie de Raphaël d'Urbin, décrit cette Sainte-Famille de la manière suivante : « Il fit aussi pour Dominique Cani-
» giani un tableau de Notre-Dame avec l'Enfant-Jésus qui fait fête
» à un petit Saint-Jean apporté par Sainte Elisabeth. Celle-ci, tan-
» dis qu'elle le soutient avec un mouvement plein de vivacité, re-
» garde Saint Joseph, qui, les deux mains appuyées sur un bâton,
» penche la tête vers la vieille femme, comme émerveillé et ren-
» dant grâces à la grandeur de Dieu, qu'à un âge si avancé elle
» puisse avoir un si petit enfant. Puis tous les personnages de
» cette scène paraissent étonnés du bon sens qui règne dans les
» deux petits cousins ; sans dire que chaque coup de couleur dans
» les têtes, les pieds et les mains, sont plutôt les coups d'un pinceau
» de chair que des teintes mises par un maître qui fait de l'art.
» Cette noble peinture est aujourd'hui en possession des héritiers
» du susdit Dominique Canigiani, tenue en ce degré d'estime que
» mérite une œuvre de Raphaël d'Urbin. »

Outre les cinq figures que nous venons de voir décrites, il y a
une gloire composée de huit figures d'Anges sur des nuages, dis-
posées comme suit : cinq à la droite du tableau, desquelles trois
sont vues de profil, deux de face, dont une montre un bras, et
trois à la gauche, la première de profil, la seconde de face, et la
troisième également de profil, avec les bras. Dans le fond est un
paysage montueux orné de fabriques et de figurines. Le nom de
Raphaël se lit en lettres d'or sur la gorgère du vêtement de la Vier-

ge, tracé ainsi: RAPHAEL . VRB . INV. ; et plus bas, sur le sein:
SOL VT V (*mbrae*) CADEN (*t*), paroles allusives au Verbe divin dont
l'avènement est venu dissiper les ténèbres de l'erreur et porter aux
humains la lumière de la vérité. Dans l'ourlet du manteau bleu de
la Madone est pareillement écrit en lettres d'or : A . M.DXVI .
DIE XXVII . MEN . MAR.

« La descendance de Dominique s'étant éteinte dans la per-
» sonne d'une femme mariée à un membre de la famille Nerli, le
» tableau passa, par un incident de la même nature, avec le reste
» de l'héritage, dans la maison Antinori de la place San Gaetano,
» à savoir par le mariage de Madeleine Nerli avec un Antinori. »[1] De
quoi il conste par l'arbre généalogique de la famille Nerli, vérifié
aux archives delle Riformagioni de Florence, et par une note
écrite en grosses lettres courantes, à l'encre et au pinceau, au revers du tableau, ainsi conçue: *Della Sig^a. Madd^na. Nerli Antinori.*

En 1767, le chevalier Antoine fils de Louis Antinori vendit ce
tableau, pour le prix de cinq cents sequins, au marquis Charles, fils
de Foulques Rinuccini, comme il appert d'un contrat dont l'original existe dans les mains des possesseurs actuels du tableau.[2]

Jusqu'en 1821, aucun écrivain n'avait impugné l'authenticité
du tableau Rinuccini, quand, cette même année, s'inscrivit en faux
le baron de Rumohr, dans un article du *Kunstblatt*, journal de
beaux-arts, reproduit en italien dans le tome premier, page 154 et
suivantes, de l'*Antologie* de Florence. Dans cette dissertation, le
docte critique prussien, tout en contestant l'originalité du tableau

---

[1] Voyez les notes des Vies des Peintres de Vasari, édition de Livourne et de Florence, 1767-72, Tom. III, pag. 168 ; la *Série des hommes les plus illustres dans
la Peinture, la Sculpture et l'Architecture*, Florence 1769-75, Tom. IV, p. 195 ;
et Vasari, édition de Sienne, 1794-94, Tom. V, pag. 251, 252.

[2]
NERLI Cav. Benedetto
|
Cav. Filippo
|
Maddalena
maritata al
Senatore Antonio Antinori.

[3] Voir à la fin de l'article, pag. 52.

Rinuccini, entreprend de soutenir celle d'un tableau identique existant dans la pinacothèque royale de Munich. Voici le passage textuellement traduit.

« D'UNE PEINTURE DE RAPHAËL A MUNICH ET A FLORENCE.

» Le second objet (après avoir parlé d'un manuscrit du Décaméron) qui regarde l'histoire de l'Italie, se trouve dans la galerie des tableaux de Munich : c'est une Sainte-Famille de Raphaël, dans laquelle Saint Joseph appuyé sur un bâton fait pyramider le groupe. Ce tableau a été très-bien décrit par Vasari dans la vie de Raphaël, et non moins bien gravé par le professeur Hess dans un cuivre plein de morbidesse. C'est une opinion accréditée, que ce tableau, ainsi qu'un autre de la galerie de Dusseldorf, a fait partie de la dot de cette princesse de Médicis,[1] qui, environ l'an 1700,[2] épousa Jean Guillaume, Électeur Palatin ; mais je n'ai pu m'assurer de la vérité du fait. Toutefois il me semble que le tableau concorde en tout point avec la manière de Raphaël, dans le temps que ce peintre était à Florence.

» Dans ces dernières années, cependant, fut découvert à Florence une peinture semblable à celle de Munich, et par un heureux hasard, le marquis Charles Rinuccini en fit l'acquisition pour une forte somme d'argent. Non seulement l'abbé Lanzi et les nouveaux annotateurs de Vasari ont tenu ce nouveau tableau pour vraie et indubitable production de Raphaël, mais encore ils ont pris texte de la postdate qui s'y trouve insérée, pour déclarer fausse l'assertion de Vasari, qui prétend que cette Sainte-Famille fut exécutée à Florence, pour Dominique Canigiani, sans tenir compte de ce que Vasari aurait bien pu s'édifier de la méprise, puisque, au temps qu'il écrivait, le tableau était toujours en possession du fils de Canigiani lui-même.

» De ces deux tableaux, quel est donc l'original ? A Florence,

[1] Anne-Louise, fille de Côme III.
[2] Précisément l'an 1691.

» tous les entendus de profession prononcent en faveur de celui de
» la galerie Rinuccini, sans l'avoir pourtant confronté avec aucun
» autre. Mais moi, étant parvenu, non sans peine, à le pouvoir bien
» et longuement examiner, je suis à même de signaler plusieurs
» indices que j'y ai découverts, d'une école toute diverse. Et
» d'abord, sur l'ourlet du vêtement de la Vierge, on lit: A. MDXVI.
» DIE. XXVII. MEN. MAR. Certainement, à cette époque Raphaël vi-
» vait; mais une observation attentive fait naître le doute que les
» an et mois indiqués ne sont pas même ceux où fut faite cette co-
» pie, car je la tiens pour telle, et je la crois de quelque sectateur
» ou imitateur de Michel-Ange à Florence, et je me fonde sur les
» arguments que voici.

» De tout point conforme au premier style de Raphaël, est
» la disposition des têtes d'Anges qui entourent la tête de Saint Jo-
» seph dans le tableau de Munich, puisque, nonobstant qu'elles
» ayent été effacées à la pierre ponce, il y a plus de cinquante ans,
» l'empreinte du contour en est encore visible et exactement sem-
» blable à une gloire que l'on voit dans une médiocre copie de la
» même composition, qui existe dans la sacristie de l'église de
» San Frediano à Florence.

» Celui, au contraire, qui a fait la copie qui est dans la maison
» Rinuccini, a disposé ces têtes d'Anges d'une tout autre façon,
» c'est-à-dire, d'un goût plus moderne et tel que Raphaël ne l'a
» jamais imaginé, entremêlant des nuages et ajoutant même un *gé-*
» *nie*, emprunté de la Galathée de Raphaël, pour le mettre dans
» un coin du ciel de son tableau. Tous ces changements que le co-
» piste s'est cru permis et appropriés au maître, témoignent juste-
» ment d'un style, d'un esprit et d'un goût tout différent.

» Ainsi, au lieu d'un paysage simple et raphaélesque comme
» dans le tableau de Munich, on observe dans celui-ci une monta-
» gne dentelée et alpestre; au lieu d'une vapeur bleuâtre qui donne
» l'idée d'un lontain horizon, un air transparent et vert, lesquel-
» les circonstances donnent lieu de supposer que ce soit l'ouvrage
» de quelqu'un de ces braves artistes des Pays-Bas, qui vinrent en
» Italie attirés par la renommée de Michel-Ange.

» Outre cela, toutes les têtes du groupe principal sont moins
» animées que celles du tableau de Munich ; le nu, dans les en-
» fants, est trop angulaire et trop senti ; le petit pli de la robe rouge
» de la Madone n'est pas bien à sa place comme dans l'original,
» mais transposé inconsidérément ; enfin, si l'on considère le man-
» teau qui drape la même figure, tout en accordant beaucoup de
» repeints, il n'en est pas moins évident qu'il n'a jamais été couleur
» d'outremer, mais bien de couleur bleu commun, ce qui ne se
» rencontre pas dans Raphaël. Du reste, je ne veux rien enlever au
» tableau Rinuccini de sa valeur ni de sa beauté, et je renvoie vo-
» lontiers le lecteur à Vasari et à Lanzi, qui ont traité de ces ma-
» tières.

» Après cela, si on voulait disputer au tableau de Munich la
» supériorité, il n'en serait pas moins douteux que le tableau Ri-
» nuccini soit l'original, puisqu'il diffère de la copie qui est à la sa-
» cristie de San Frediano, copie certainement exacte, bien que mal
» peinte. De toute manière, la présomption sera toujours en faveur
» du tableau plus expressif et mieux exécuté, et partant je n'ai pas
» hésité à assigner une véritable origine à celui de Munich. »

Dix ans après, le même écrivain remit ce tableau sur le tapis,
dans ses *Recherches italiennes* (*Italienische Forschungen*, III, 64–
66 : Berlin 1831, in-8°), et comme son langage est en partie mo-
difié du premier, nous en donnons également la traduction :

« Vasari raconte que Raphaël fit pour Dominique Canigiani un
» tableau dont il indique spécifiquement le sujet. — La Madone
» avec l'Enfant qui caresse le petit Saint Jean soutenu par Sainte
» Elisabeth dont le regard s'élève vers Saint Joseph, appuyé, les
» deux mains sur un bâton, les yeux penchés sur la vieille. — A
» l'époque qu'écrivait Vasari, ce tableau était chez les héritiers de
» Canigiani. De là, on prétend qu'il passa aux Médicis, puis à la
» fille de Côme III, qui l'apporta en dot à la maison électorale du
» Palatinat, et finalement dans la galerie de Munich où il est présen-
» tement avec d'autres tableaux de la galerie de Dusseldorf.

» Cette belle peinture a souffert beaucoup d'avaries. Il y a en-

» viron cinquante ans, la gloire des chérubins disposée régulière-
» ment autour de la tête de Saint Joseph fut sacrifiée à un caprice ;
» ces têtes ont été râclées et enlevées ; on en voit la place, à con-
» tre-jour, sur le fond du ciel nécessairement déjà peint, avant
» que Raphaël les eût dessinées dessus : leur empreinte est encore
» sensible. On peut se figurer comme elles étaient, par une an-
» cienne copie dans la sacristie de San Frediano à Florence. Ce
» n'est pas là seulement que se bornent les détériorations de ce
» tableau : ça et là, les glacis ont été délavés, la pâte même a souf-
» fert en plusieurs endroits, et des repeints à l'huile couvrent les
» draperies. Néanmoins, les parties conservées, le Saint Jean par-
» ticulièrement et le paysage portent un cachet assez original de
» cette beauté tant admirée par Vasari, pour ne laisser aucun doute
» sur la question d'avoir été peint par Raphaël peu après la Madone
» Tempi, et pas beaucoup avant la Vierge au chardonneret, que
» Vasari cite la première sans expliquer pourtant s'il la croit ou non
» antérieure à notre composition.

» Cependant on n'avait pas laissé passer sans conteste l'origi-
» nalité du tableau de Munich. Déjà, en 1766, s'était faite à Flo-
» rence la découverte d'une peinture, dont font mention les notes
» de l'éditeur romain et florentin aux vies des peintres de Vasari,
» que l'éditeur de Sienne reproduisit. Lanzi, à son ordinaire, passa
» dessus sans discuter. [1] *Vasari*, dit-il, *jugea de cette époque* (le se-
» cond séjour de Raphaël à Florence) *la Sainte-Famille de la galerie*
» *Rinuccini : pourtant on y lit le millésime 1516.* Il semblerait que
» dans le temps même où ces lignes s'écrivaient, l'authenticité du
» tableau était en question, et que l'auteur, ami du propriétaire,
» esquiva le point vulnérable.

» Ayant reçu de Munich l'invitation d'étudier mieux cette
» peinture, que le marquis Rinuccini avait achetée pour 16 mille
» écus, et de décider si elle mettait réellement en doute l'origina-
» lité de celle de Munich, j'obtins enfin, après beaucoup de démar-
» ches inutiles, de pouvoir, en 1818, observer ce tableau seule-

[1] École romaine, seconde époque.

» ment, entre un grand nombre d'autres qui composent la galerie.
» Je m'étais attendu à voir au moins une copie contemporaine de
» l'original; au lieu de ça j'en trouvais une de beaucoup postérieure,
» où l'on peut reconnaître la main de quelque peintre de la société
» artistique hollandaise. Formes alpestres de campagne sur un fond
» transparent et vitreux; lourde couleur substituée à l'outremer dans
» le manteau de la Vierge, en beaucoup d'endroits restauré; au
» lieu d'une gloire régulière comme on en voit la trace dans le ta-
» bleau de Munich, et la disposition dans la copie de San Frediano,
» des Anges éparpillés et demi emmaillotés de nuages pesants, imi-
» tation libre des génies de la Galathée, dans la Farnésine; caractère
» défiguré, négligé, traité indifféremment et tendant au moderne;
» ostentation ostéologico-anatomique dans le nu des enfants; inin-
» telligence complette de l'original dans les draperies et particuliè-
» rement dans la robe rouge de la Vierge : telles sont les observa-
» tions que j'ai été à même de relever de l'examen des parties
» conservées de ce tableau que j'ai minutieusement distinguées des
» retouches sans fin qui le couvrent de la façon la plus grossière,
» et que j'impute à Ignace Hugford, alors fort en renom en fait
» de beaux-arts, ce qui fit qu'il aura eu main dans ces restaurations
» comme il l'eut dans la vente.

» Quant au nom de Raphaël, dont Lanzi fait mention, il ne
» m'a pas réussi de le découvrir. J'ai bien vu, il est vrai, les chiffres :
» A . D . M . DXVI . DIE . XXVII . MEN . MAR.; mais qu'est-ce que cela
» signifie, je ne me hasarde pas à le décider. Seulement il est
» difficile d'ajouter foi à cette date, probablement fraude calculée
» pour fasciner des yeux inexpérimentés. Dans tous les cas, une
» peinture tellement plus moderne et nullement marquée au coin
» de Raphaël, ne sera jamais jugée par aucun connaisseur origina-
» le, à l'encontre d'une autre peinture évidemment plus ancienne,
» plus analogue et plus identique aux indications données par Va-
» sari; d'une peinture enfin qui par ses qualités a le droit d'être
» attribuée sans doute ni hésitation à la main de Raphaël. »

Comme à tout prendre il importe grandement à cette grave
question de mettre sous les yeux du lecteur tout ce qui a été dit à

ce sujet par des écrivains de poids, nous estimons utile de rapporter ce que nous en lisons dans divers passages de l'histoire de Raphaël par M. Passavant (*Raphæl von Urbino, und sein Vater Giovanni Santi, von* J. D. Passavant, Leipsig 1839. — 2 vol. in-8°) .

« Arrivé à Florence, Raphaël peignit pour Dominique Cani-
» giani le beau tableau de la Sainte-Famille qui passa de cette
» maison dans celle des grand-ducs de Toscane, et ensuite, comme
» cadeau de noce d'Anne-Marie de Médicis, fille de Côme III,
» dans la galerie de Dusseldorf, appartenant à l'Electeur Palatin
» Jean-Guillaume, son époux, pour finir par appartenir à la Pina-
» cothèque de Munich. — Nous voyons dans cette composition, la
» bienheureuse Vierge Marie avec l'Enfant-Jésus, reposant dans une
» prairie, non loin d'une ville, apparemment pour s'édifier solitai-
» rement par la lecture du psautier qu'elle tient à la main. Sainte
» Elisabeth, survenue avec son petit Saint Jean, s'agenouille près
» de Marie et abouche les deux gentilles créatures toutes joyeuses,
» tandis que leur intime pensée est exprimée par les mots *Ecce*
» *Agnus Dei* qui sont écrits sur une légende de parchemin. Saint-Jo-
» seph, lui aussi arrivé sur ces entrefaites, les deux mains appuyées
» à un bâton, converse avec Sainte Elisabeth, pendant que la Vierge
» contemple d'un œil ému l'entrevue significative des deux enfants.
» Au dessus, dans un nuage, six Anges, trois de chaque côté,
» considèrent la merveille de cette scène céleste sur la terre. Cet
» épisode mitige dans la composition l'effet sévère du groupe
» principal qui forme la pyramide. [1] Image précieuse, pleine de
» grace et de beauté raphaélesque. » (Tom. I, pag. 115, 116.)

« SAINTE-FAMILLE DE LA MAISON CANIGIANI.

» La Vierge Marie, assise dans une prairie, tient un livre à la
» main gauche, et de la droite l'Enfant-Jésus qui, assis sur ses ge-
» noux, reçoit du petit Saint Jean, placé en face, debout dans le giron

---

[1] Ces Anges furent grattés par un inspecteur de la galerie de Dusseldorf auquel ils n'auront pas plû, et il fut mis en place une couleur de ciel. En général ce tableau est très délavé. (*Note de l'ouvrage cité.*)

» de Sainte Elisabeth, une bande de vélin où est écrit *Ecce Agnus*
» *Dei*, paroles sur la signification desquelles il semble s'entretenir
» avec eux. Sainte Elisabeth, ployée sur ses genoux, élève ses re-
» gards vers Saint Joseph qui lui parle, et dont la pose sur un bâ-
» ton donne au groupe la forme régulière d'une pyramide. Le fond
» est composé d'une riante vue de paysage et de cité. Jadis, une
» gloire de six Anges, trois de chaque côté, présentaient leurs figu-
» res jusqu'aux épaules, sur la marge d'un nuage, et balançaient
» la sévérité du groupe principal. Pour ce qui est du faire, il se
» rapproche beaucoup de celui de la Déposition de Croix du palais
» Borghèse, particulièrement dans les airs de tête des femmes.
» L'ajustement des draperies, le dessin des extrémités décèlent
» aussi cette même période, c'est-à-dire 1506, millésime qu'on
» assure avoir été lu une fois sur la bordure de la robe de la Ma-
» done. Ce n'est pas que je prétende par là induire que la Sainte-
» Famille de la maison Canigiani atteigne à l'excellence de dessin
» de la Déposition Borghèse ; bien au contraire, sous ce rapport,
» dans les deux enfants surtout, elle laisse beaucoup à désirer. Il
» est juste de dire que la faute en sera probablement, pour la
» majeure partie, au fort nettoyage qu'elle subi.

» Nous apprenons de Vasari, que Raphaël peignit ce tableau
» pour Dominique Canigiani de Florence, et plus tard nous le trou-
» vons devenu la propriété des princes de Médicis, comme il ré-
» sulte de l'*Inventario di tutte le figure, quadri et altre cose della*
» *Tribuna, 1589*, où nous lisons, pag. 30, le passage suivant : *Un*
» *quadro.... in tavola, ritrattovi una Nostra Donna col figliuolo in*
» *collo, Sant'Anna e San Giovanni e San Giuseppe, con cornice di*
» *noce, alto braccia 2 ½, e largo braccia 2 ⅛ : di mano di Raffaello*
» *da Urbino.*

(Un tableau.... sur bois, représentant une Notre-Dame avec son
fils dans les bras, Sainte Anne et Saint Jean et Saint Joseph, avec
un cadre de noyer, haut 2 bras ½, et large 2 bras ⅛ : de la main de
Raphaël d'Urbin.)

» Successivement, par deux fois différentes, se retrouve dé-

» crite la même Sainte-Famille dans les inventaires de 1635 et 1638,
» dans les termes suivants : 1635. pag. 48. N° 477. *Un quadro in*
» *tavola, entrovi dipinto una Madonna a sedère con Nostro Sig^{re}. a*
» *sedere in collo nudo, che mostra ragionare con San Giovanni, tenuto*
» *in collo da Santa Lisabetta, e un San Giuseppe ritto, appoggiato*
» *a un bastone; con più angiolini in aria; di mano di Raff^{o}. da*
» *Urbino, con adornamento di noce con quattro filetti d'oro. Alto*
» *B^{a}. 2 ½, e largo B^{a}. 2 ⅛ il tutto incirca.*

    (Un tableau dans lequel est peinte une Madone assise avec Notre
Seigneur assis dans ses bras, nu, semblant raisonner avec Saint Jean,
tenu dans les bras de Sainte Elisabeth, et un Saint Joseph debout,
appuyé à un bâton; avec plusieurs anges en l'air; de la main de Ra-
phaël d'Urbin, avec une bordure de noyer avec quatre filets d'or. Haut
2 bras ½, et large 2 bras ⅛ le tout environ.

    » Par le mariage de la fille de Côme III, Anne-Marie, avec
» Jean-Guillaume Électeur Palatin, cette peinture passa, comme
» cadeau de noce, à la galerie de Dusseldorf, et de là dans la
» pinacothèque de Munich. C'est à Dusseldorf que malheureu-
» sement elle fut fort délavée par un Français, restaurateur de
» tableaux, du nom de Colin, qui entreprit cette tâche sous Gré-
» goire, alors inspecteur de la galerie, et depuis, chambrier de
» l'Electeur Charles-Théodore. Les Anges furent tellement endom-
» magés, que dans la suite le directeur Krahe jugea nécessaire de
» les supprimer entièrement et de les remplacer par une teinte
» de ciel.

    » Gravure sur cuivre. *Jules Bonasone*, avec cinq Anges en
» l'air. Bartsch, XV, 128. N° 65. — *René Boivin*, le sujet renversé,
» avec un autre paysage, six Anges dans le haut. A droite, au bas
» de l'estampe, le monogramme du graveur : petit in-fol. — *Joseph*
» *Calendi*, avec les Anges : in-fol. — *Théod. Prestel*, au pointillé :
» petit in-fol. — Idem, sans les Anges, par *Cossé*. — *C. Russ*, le
» sujet renversé, avec un paysage différent et cinq Anges, à l'aqua-
» tinta : in-fol. — *Charles Hess* (1804), sans les Anges : petit in-

» fol. — *Samuel Amsler* (1836), sans Anges : grand in-fol. —Le ca-
» talogue de Tauriscus Eubœus (comte Lepel), pag. 155, cite une
» autre gravure à moi inconnue, avec cinq Anges à gauche (?), et
» l'intitulation : *Sacra Christi familia, in Roma presso Agapito Fran-*
» *zetti a Torsanguigna.* — Anonyme, in-12, assez médiocre, dans
» l'Almanach du Bas-Rhin, 1802. —*F. Piloti,* les têtes lithogra-
» phiées à part : cinq feuilles in-fol.

» Une ébauche à la plume des deux femmes avec les enfants
» se trouve dans la collection de l'Archiduc Charles à Vienne ; gravée
» par A. Bartsch, lithographiée par Fendi ; marquée N° 190. Voyez
» aussi N° 170.

» Il existe plusieurs copies anciennes de ce tableau, dont la
» plus estimée est celle que possède le marquis Rinuccini à Flo-
» rence. En 1767, le marquis Charles Rinuccini, par l'entremise
» du peintre Ignace Hugford, l'acheta des Antinori de San Gaeta-
» no, pour le prix, dit-on, de 16 mille écus. C. F. Rumohr (*Ita-*
» *lienische Forschungen*, III, 65) la croit de main hollandaise et de
» beaucoup inférieure à l'original de Munich. Il la trouve fort dété-
» riorée, et à diverses reprises retouchée. Selon lui, l'inscription :
» A. M. DXVI. DIE. XXVII. MEN. MAR. est falsifiée dans l'intention de
» tromper.

» Une autre ancienne copie se trouve dans la sacristie de
» l'église de San Frediano à Florence.

» Une troisième, par Sassoferrato, était dans la galerie de Lu-
» cien Bonaparte. Voir *choix de gravures à l'eau-forte d'après les*
» *peintures* etc. *de la galerie de Lucien Bonaparte.* Londres, N° 33.
» Dans le magasin de la galerie Grand-ducale à Florence, j'en ai
» vu une de petite dimension, à l'aquarelle, sur parchemin, qui
» aura été faite à l'occasion du cadeau de l'original octroyé à l'épou-
» se. Enfin, je signalerai un autre dessin semblable et à l'aquarelle,
» que l'on dit provenir de la collection de Prague, de l'empereur
» Rodolphe II, faisant actuellement partie de l'héritage du comte
» François de Sternberg-Manderscheid. Haut 11″, large 8″ 7‴.
» Voyez le *Kunstblalt* (journal artistique) de Stuttgard, 22 mars
» 1832. » (Tome II, pag. 68-70.)

Après avoir exposé l'opinion des deux écrivains allemands sur les deux tableaux controversés, il ne sera pas hors de propos d'examiner si cette opinion est bien fondée, et si les raisons qu'ils déduisent en faveur de l'authenticité du tableau de Munich sont à l'abri de toute réfutation.

Rumohr déclare que la gloire, dans le tableau de Munich, correspond exactement à la copie, peinte sur toile, que l'on voit dans la sacristie de San Frediano à Florence ; et M. Passavant, qui répète toujours ce que dit Rumohr, ajoute que les Anges, dans cette copie, sont au nombre de six, trois de chaque côté. Or cela est faux, car la gloire, dans la copie de San Frediano, se compose de huit Anges, cinq à droite et trois à gauche, précisément comme dans le tableau de la maison Rinuccini, à cette seule différence près, que quelques chérubins sont un peu changés de place pour s'adapter à la forme octogone qui lui a été donnée. Au surplus, la copie de San Frediano ne diffère du tableau Rinuccini que dans le paysage qui est semblable à celui du tableau de Munich, et dans l'inscription qui dit seulement : RAPHAEL. VRB. ; ce en quoi elle n'a de rapport ni avec l'un ni avec l'autre, est, dans la proportion des figures qui sont beaucoup plus petites.

Nous ne convenons pas non plus avec Rumohr, que le millésime 1516, du tableau Rinuccini, soit *probablement une fraude calculée pour fasciner des yeux inexpérimentés*, et cela non seulement parce que, attentivement observé, ce chiffre porte en soi tous les caractères matériels d'authenticité, mais encore parce que s'il y avait artifice, cet artifice se rapporterait au temps et à la personne d'Ignace Hugford, homme suffisamment versé dans l'histoire et dans l'art, et qu'au lieu de 1516 on aurait mis 1506 ou 1508, pour concorder avec le style du tableau et le récit de Vasari qui le dit positivement exécuté à Florence avant que Raphaël en partît pour se transférer à Rome. Nous ne conviendrons pas davantage du sens inexplicable qu'il plaît à Rumohr de trouver dans cette inscription, et ici nous remarquons avec peine que cet écrivain se laisse échapper à des expressions qui blessent l'intégrité et la sincérité de l'abbé Lanzi, comme si ce dernier eût sacrifié sa dignité d'historien à un sentiment d'obséquiosité. Or nous disons donc, que le sens de l'inscription *inexplicable*, s'explique facilement par l'histoire et par les propres paroles de Vasari, ainsi que l'ont déjà fait les annotateurs de l'édition Livournaise-Florentine, et tous les autres écrivains après eux. Raphaël, observent-ils judicieuse-ment, a bien pu avoir fait le tableau de Dominique Canigiani pen-dant son premier séjour à Florence, et, laissé imparfait à cause de son départ pour Rome,[1] l'avoir terminé en 1516 lors de son retour dans cette ville où il fut ramené par Léon X dans l'intention d'éle-ver une façade à l'église Saint-Laurent. C'est Vasari lui-même qui, dans la vie de Michel-Ange Buonarroti, nous met sur la voie de cette conjecture : « ..... Pour l'architecture *(de la façade de Saint.* » *Laurent)*, dit-il, beaucoup d'artistes accoururent à Rome auprès » du pape. Il fut fait des dessins par Baccio d'Agnolo, Antoine de » San Gallo, André et Jacques Sansovino et le gracieux Raphaël » d'Urbin, *lequel, à la venue du pape à Florence y fut puis amené à* » *cet effet.* » Ce fait, déjà raconté, antérieurement à Vasari, par le panégyriste anonyme de Raphaël, publié par Comolli, nous est encore confirmé par une lettre de Baccio Bandinelli au Duc de Flo-rence, en date du 7 décembre 1547,[2] conçue en ces termes : « Et » je me rappelle, quand j'étais avec le pape Léon, que Sa Sainteté » manda à Florence Raphaël d'Urbin et Buonarroto, et qu'il décida » la façade de Saint-Laurent etc. »[3] Or, tout le monde sait que le

[1] « Et andò (Raffaello) dunque con grandissimo giubilo a Roma, *lasciando im-* » *perfette in Fiorenza alcune belle opere che facea.* » (*Vita inedita di Raffaello da Urbino), illustrata con note* da Angelo Comolli. — Roma, Salvioni, 1790, in-4. — E il Vasari : « lasciate l' opere di Fiorenza e la tavola de' Dei non finita..... si trasferì » a Roma. » Vita di Raffaello.

(« Raphaël s'en fut donc avec beaucoup de joie à Rome, *laissant inachevés à* » *Florence divers beaux ouvrages qu'il y avait entrepris.* » (*Vie inédite de Ra-phaël d'Urbin, illustrée de notes* par Angelo Comolli.—Rome, Salvioni, 1790, in-4. — « Laissant les ouvrages de Florence et le tableau des Dei inachevés, il se transporta » à Rome. » Vasari, Vie de Raphaël.)

[2] *Lettere Pittoriche*, I, 71. Édition de Milan.

[3] *E mi ricordo quando stavo con papa Leone, Sua Santità in Fiorenza mandò per Raffaello da Urbino e pel Bonarroto, e concluse la facciata di San Lo-renzo ec.* »

pape Léon X arriva à Florence dans le mois de novembre de 1515,
se rendant à Bologne pour s'aboucher avec François Ier ; qu'il re-
vint le 22 décembre, et que ce ne fut que dans le mois de février
de l'année suivante qu'il fut rendu à Rome. De cette circonstance
historique, assez avantageuse au tableau Rinuccini, n'est-on pas en
droit de déduire, en réponse à l'objection assez plausible de Rumohr touchant le contour et la couleur du paysage, qui dans ce
tableau ne lui semblent pas de Raphaël, que c'est précisément le
fond qui, étant resté à faire à cause du départ de ce peintre pour
Rome, fut exécuté par quelqu'un de ces aides déjà employés à le
seconder dans ses œuvres multipliées.

Ce qui ne nous étonne pas peu, c'est que Rumohr, admis enfin
à pouvoir *bien et longuement* examiner le tableau de la galerie Rinuccini, n'y ait pas su découvrir le nom de Raphaël écrit, comme
nous l'avons dit plus haut, sur la gorgère de la robe de la Madone,
en lettres d'or, de la grandeur et de la forme dont nous donnons
ici le fac-similé, assez apparent, ce nous semble :

RAPHAEL · URB · INV·

Et qu'on ne nous dise pas que ce nom a été ajouté depuis
l'année 1818, époque à laquelle le tableau fut visité par Rumohr ;
car, tant le nom de Raphaël que l'autre inscription qui porte la
date 1516, furent lus par Ignace Hugford dès le moment qu'il eut
nettoyé le tableau pour Antoine, de feu Louis Antinori : nous en
avons un témoignage dans les écrits du temps.

« C'est à cette occasion, disent-ils, que se découvrit un re-
» pentir dans le pied gauche de l'Enfant-Jésus appuyé sur la terre.
» D'abord fait de profil, il fut remis par Raphaël beaucoup plus
» de face afin de lui donner de la grace ; et les doigts effacés se
» voyent encore à travers la couleur du terrein qui les recouvre. »[1]

---

[1] *Si scoperse un chiarissimo pentimento nel sinistro piede del bambino Gesù
che posa in terra, quale Raffaello avendo già dipinto in profilo, poi, per dare*

Aujourd'hui., ce repentir est moins visible par suite d'une seconde restauration. Il est bon de dire pourtant, quant à ces restaurations qui ont fourni le texte à tant de reproches, que si elles n'ont pas été exécutées avec tout le soin que méritait une œuvre de cette importance, elles sont loin toutefois de l'avoir endommagée au point de n'y pouvoir apporter de remède, la couleur n'en ayant pas été énervée comme dans le tableau de Munich, où de l'aveu même de ces messieurs, on a été obligé de sacrifier toute la gloire.

Après avoir considéré les observations générales des deux auteurs allemands sur les deux tableaux en question, il nous reste à jeter un coup d'œil sur les raisons par lesquelles ils prétendent justifier leur prétention à ce que celui de Munich soit celui dont Vasari fait mention. Ces raisons se réduisent à deux: la première, la provenance; la seconde, le mérite du tableau.

Quant à la première, Rumohr, manquant de preuve historique, est obligé de s'étayer d'un *dit-on* pour prouver le passage de la maison Canigiani à la maison de Médicis. Mais *il n'a pu s'assurer de la vérité du fait*, confesse-t-il. M. Passavant, lui, l'affirme positivement. Or, comme c'est le point vital de la question, il n'aurait pas dû employer une formule aussi péremptoire sans produire au moins un document. Il est vrai que le tableau Rinuccini se trouve dans la même condition, faute de titre authentique qui prouve son passage de la maison Canigiani dans la maison Nerli: mais à cela près, il a pour lui la tradition historique, non interrompue jusqu'en 1821, qu'il vint en tête à Rumohr de faire une sortie contre sa possession d'authenticité.

Nous pourrions ajouter, que Raphaël Borghini, écrivain consciencieux de Florence, pas plus de cinq ans avant le 1589, date du premier inventaire de la galerie de Florence où nous avons vu décrit le tableau de Munich, signalait encore le tableau de Raphaël cité par Vasari, comme n'étant pas sorti de la possession des Canigiani. *Cette merveilleuse peinture*, dit-il dans son *Riposo*, pag. 383,

ad esso grazia maggiore, lo rifece volto alquanto in faccia , coprendo li diti del primo con quel color della terra , da cui si vedono ora traspirare. (Voyez les notes de Vasari, édition Livournaise-Florentine déjà citée ; 1767-72.)

édit. Giorgio Marescotti, *se trouve aujourd'hui* (1584) *entre les mains des héritiers de Dominique, qui la tiennent en cette considération que mérite un joyau si rare.*

Passant à la seconde raison alléguée contre le tableau Rinuccini, savoir, le mérite de la peinture, n'ayant pas vu nous-mêmes le tableau de Munich, nous n'invoquerons pas le témoignage des auteurs italiens et étrangers [1] qui se sont déclarés en faveur du tableau Rinuccini, pour prononcer exclusivement lequel des deux l'emporte dans cette grave question. Nous cédons volontiers la place à ces connaisseurs dont les noms sont une autorité, et nous les laissons parler dans les Certificats que nous donnons ici, où ils n'ont pas hésité un instant à revendiquer hautement l'originalité pour le tableau Rinuccini. Nous ne prétendons point avec tout cela conclure que si ce dernier est vraiment celui dont parle Vasari, comme tout nous porte à le croire, il ne puisse pas y en avoir une répétition où Raphaël ait mis la main en tout ou en partie.

« Ce 18 juin 1849.

» Je soussigné certifie avoir examiné avec le soin le plus scru-
» puleux un tableau existant depuis plusieurs générations dans le
» palais de feu le marquis Rinuccini, Haut 2 bras ½ et Large 1 bras
» 17 solds ; et autant que me permettent d'en juger mes faibles ta-
» lents et une expérience de quarante années d'études et d'obser-

---

[1] Quatremère de Quincy, *Vie de Raphaël*. Tauriscus Eubœus (comte Lepel), *Catalogue des estampes gravées d'après Raphaël*, Francfort-sur-le-Mein, 1819, pag. 154. « N° 9. *La Sainte-Famille de Dusseldorf* etc. » Après avoir décrit la composition il continue : « Le tableau qui était à Dusseldorf, et qui est aujourd'hui à Mu-
» nich, n'est certainement pas de Raphaël ; il a même de grands défauts de dessin :
» mais ce qui me fait présumer que Raphaël en a peint ou dessiné un pareil, c'est
» que le N° 8 ressemble, aux anges près, à celui-ci. Il se pourrait donc bien que le
» tableau de Dusseldorf soit une espèce de copie. »

» vations continuelles sur les maîtres passés de mon art, je n'hésite
» pas à prononcer un jugement, et je crois ce tableau une œuvre
» de la main de Sanzio, entre sa première et sa seconde manière.
» Les documents de cette puissante maison démontrent que Ra-
» phaël fit ce tableau à Florence en 1516 pour la famille Canigiani,
» de laquelle, par la suite des temps et pour cause de parenté, il
» passa dans celle des marquis Rinuccini.

　　» Le sujet est une Sainte-Famille, motif habituel à ce temps
» des grands artistes. Les figures sont au nombre de cinq dans la
» partie inférieure. En haut, est une gloire d'anges ajustés avec le
» plus grand goût.

　　» Tout amateur qui voudra l'acheter pourra s'édifier de la ci-
» tation de Vasari (Vie des peintres, édition de Sienne 1792,
» tom. V, pag. 250). Mais à quoi bon? Qu'il voie le tableau; et
» chaque fois qu'il l'examinera partie par partie, il trouvera dans
» chaque détail cette empreinte de grace, ce choix et cette vérité
» de ce que la nature a de plus beau, que jamais personne ne sut
» atteindre, et que, j'ose le dire, personne n'atteindra jamais.

　　» Etant chargé par les héritiers de mettre un prix à ce chef-
» d'œuvre, je ne saurais en conscience l'évaluer à moins de quinze
» mille écus.

» Joseph Bezzuoli

» Professeur et Maître de Peinture

» à l'Imp. et R. Académie des Beaux-Arts de Florence. »

　　« Je soussigné ayant bien observé et scrupuleusement étudié
» un tableau peint à l'huile sur bois, dans le style du quinze-cents,
» figures grandes un tiers moins que nature, représentant une
» Sainte-Famille composée de la Vierge à genoux avec l'Enfant
» qui s'élance pour caresser le petit Saint Jean retenu dans les bras
» de Sainte Elisabeth, celle-ci également à genoux, les yeux tour-

» nés sur Saint Joseph, debout, au milieu du groupe, courbé sur
» un bâton et incliné vers la Sainte, l'un et l'autre admirant
» l'échange d'affection des deux enfants, le tout disposé avec une
» convenance d'expression qui ne laisse nul doute sur le suprême
» savoir de l'artiste; au-dessus, deux gracieux groupes d'an-
» ges qui enrichissent la composition, et dans le fond un beau
» paysage servant merveilleusement de champ aux figures. Inter-
» pellé d'énoncer mon opinion sur l'auteur certain de ce ta-
» bleau, d'après les mérites que j'y ai découverts constituant tous
» et un chacun le plus excellent de la peinture, je crois pouvoir
» sans hésitation affirmer que c'est Raphaël Sanzio, et de plus, que
» ce tableau est celui décrit par Vasari, fait pour la famille Cani-
» giani de Florence : une preuve même en est, l'état d'endommage-
» ment où l'ont mis plusieurs restaurations qu'il a dû souffrir;
» étant un fait historique qu'avant de venir aux mains du dernier
» possesseur M. le marquis Rinuccini, il avait passé par les mains
» de diverses des principales familles de cette ville.

» C'est pourquoi, en attestation de la vérité, je laisse le pré-
» sent certificat.

» Florence, ce 20 juin 1849.

» Gaspard Martellini
» Professeur de l'Académie des Beaux-Arts,
» Maître de dessin de l'Imp. et R. cour de Toscane. »

« Florence, 10 juillet 1849.

» Nous soussignés, appelés à examiner le tableau actuellement
» existant dans la galerie du Palais Rinuccini, représentant la Ma-
» done avec l'Enfant, Saint Joseph, Sainte Elisabeth et Saint-Jean,

» composé et peint pas Raphaël, nous y avons, après un mûr exa-
» men, reconnu la main de ce divin peintre.

» Et sans entrer dans la discussion si le tableau de la même
» composition, existant dans la galerie de Munich, est ou n'est pas
» de la même main, nous déclarons sur notre conscience, que
» l'originalité de celui de la galerie Rinuccini, à notre avis, est
» manifeste et à ne pouvoir être révoquée en doute.

» En foi de quoi etc.

» S. Iesi.

» Ignace Zotti.

» Charles Della Porta. »

ORIGINAUX DES TROIS CERTIFICATS CI-DESSUS.

« A dì 18 giugno 1849.

» Certificasi da me infrascritto di aver esaminato con il mas-
» simo scrupolo un quadro esistente da più generazioni in casa del
» fu marchese Renuccini alto B^a. 2 ⅓ e largo B^a. 1. sⁱ. 17; e quanto
» puole il mio debole ingegno e l'esperienza di quaranta anni di
» studio e di continue osservazioni sopra i trapassati Maestri del-
» l'arte mia, non esito a pronunziare un giudizio, e credo es-
» sere quest'opera di mano del Sanzio, fra la prima e la seconda
» maniera. I documenti di questa Casa Magnatizia ci mostrano che
» Raffaello facesse in Firenze questo quadro nel 1516 per la casa
» Canigiani, che poi con l'andar del tempo, per motivo di paren-
» tele, venne in possesso nella casa del marchese Renuccini.

» Il soggetto è una Santa Famiglia, argomento solito in quel
» tempo dei grandi artisti: le figure sono cinque nella parte infe-
» riore del quadro, nella superiore evvi una gloria di angioletti at-
» teggiati con il massimo gusto.

» Qualunque amatore volesse farne l'acquisto potrà rendersi
» certo dalla citazione del Vasari (Vite dei Pittori, edizione di

7

» Siena, 1792, tomo V, pag. 250). Ma tutto questo è nulla; si veda
» il quadro, e ogni qual volta si dia l'osservatore ad esaminare
» parte per parte, troverà in ogni dettaglio impressa quella grazia,
» quella verità scelta dal più bello della Natura, che mai nessuno
» seppe afferrare, e che, azzardo dire, nessuno riaggiungerà.

    » Essendo incaricato dagli Eredi di porre un valore a que-
» st'opera, non potrei in giusta coscienza valutarlo meno di scudi
» quindicimila.

» Giuseppe Bezzuoli
» Professore e Maestro di Pittura
» nell'I. e R. Accademia di Belle Arti in Firenze. »

« Io sottoscritto avendo bene osservato e scrupolosamente
» esaminato un quadro dipinto a olio in tavola, nella maniera dei
» Cinquecentisti, con figure di grandezza un terzo meno che al
» naturale; che ha per soggetto una Santa Famiglia con la Vergine
» in ginocchio col figlio Gesù, che affettuoso si slancia ad accarez-
» zare il diletto San Giovannino che sta nelle braccia di Santa Eli-
» sabetta, essa pure in ginocchio, riguardante San Giuseppe che in
» piedi in mezzo al gruppo, incurvato al bastone, si rivolge alla
» Santa ammirando insieme gli scambievoli moti d'affetto de' Santi
» bambini; qui l'artista ha saputa dare tanta convenienza d'espres-
» sione da non dubitare del sommo suo sapere: al di sopra sono
» due graziosi gruppetti d'Angeli che arricchiscono la composi-
» zione; il rimanente del fondo è un bellissimo paese, che serve
» di maraviglioso campo alle figure. Interpellato onde pronunziare
» la mia opinione circa alla sicurezza dell'autore di questo quadro,
» riconoscendovi in esso ancora merito in tutte le singole parti che
» formano l'eccellente della pittura, senza esitare credo potere
» affermare, essere di Raffaello Sanzio, e quell'istesso quadro, che
» da lui fu fatto per la famiglia Canigiani di Firenze, descritto dal

» Vasari; e più comprovante ancora mi sembra che sia il vedere,
» che ha dovuto soffrire la necessità di qualche restauro, poichè
» è noto nella storia, che prima di venire nelle mani dell' ultimo
» possessore il signor marchese Rinuccini, passò per diverse mani
» di altre famiglie magnatizie di questa città.

   » Onde per la pura verità rilascio questa mia opinione.

   » In Firenze, li 20 giugno 1849.

         » Gaspero Martellini
      » Professore dell'Accademia delle Belle Arti
   » e Maestro di disegno dell' I. e R. Corte di Toscana. »

   « Firenze, 10 luglio 1849.

   » Chiamati noi sottoscritti ad esaminare il quadro esistente
» nella Galleria del Palazzo Renuccini, e rappresentante la Ma-
» donna col Bambino e San Giuseppe, Santa Elisabetta e San Gio-
» vanni, composto e dipinto da Raffaele, abbiamo, dopo esame
» accuratissimo, riconosciuta la mano di questo divino Maestro.
   » E senza entrare in discussioni se il dipinto di eguale com-
» posizione che esiste nella reale Galleria di Monaco sia parimenti,
» o non sia della stessa mano, noi dichiariamo, secondo la co-
» scienza nostra, che l' originalità del suddetto dipinto della Gal-
» leria del palazzo Renuccini è a parer nostro manifesta, e per ciò
» da non mettersi in dubbio.
   » In fede di che ec.

                              » S. Jesi
                              » Ignazio Zotti
                              » Carlo della Porta. »

CONTRAT DE VENTE DU TABLEAU DE RAPHAËL.

« Ce 30 Juin 1767.

» Par le présent écrit privé, auquel les parties donnent la
» force d'un instrument public, soit patent comme quoi l'illustris-
» sime seigneur Louis Antinori a vendu, comme par le présent acte
» il vend à l'illustrissime seigneur marquis Charles, de feu illus-
» trissime seigneur marquis, chevalier Foulques Rinuccini, pré-
» sent et acceptant, un tableau, haut deux bras un tiers et large
» un bras dix-sept solds, dans lequel est peinte la Sainte Conver-
» sation de trois figures en grand et deux enfants, de la main de Ra-
» phaël d'Urbin, lequel cite Vasari en ses Vies des peintres, dans
» la vie de Raphaël susmentionné; le dit tableau consigné au dit
» seigneur marquis Rinuccini acheteur.

» Lequel contrat de vente et achat ont fait et font les dites
» parties pour le prix de cinq-cents sequins floréntins, à être payés
» de la manière que suit; savoir, cent-soixante dans le moment de
» l'acte, lesquels le dit seigneur chevalier Antinori a confessé et
» confesse avoir reçus avant la célébration du présent; cent sequins
» dans le terme de huit jours, et le restant, à raison de cinquante
» sequins l'an, sans intérêts aucuns.

» Et le dit seigneur chevalier Antoine Antinori a promis et pro-
» met de maintenir en faveur du dit seigneur marquis Charles Ri-
» nuccini le susdit tableau libre et exempt de tous liens de fidéicom-
» mis, hypothèques ou autres, et en cas de trouble et empêchement
» a promis et promet de rendre et relever indemne du tout le dit
» seigneur marquis Rinuccini, lui et les siens, moyennant la resti-
» tution du prix, la réparation des dommages et intérêts, le tout sous
» l'obligation de sa personne et de celle de ses héritiers pour ses
» biens présents et futurs et les biens de ses héritiers.

» Je chevalier Antoine Antinori, confirme, promets et m'oblige

» à tout ce que dessus. Item ai reçu à compte du susdit tableau la
» somme de cent-soixante sequins en diverses fois ; en foi de quoi
» manu propriâ.

» Je marquis Charles Rinuccini, confirme, promets et m'oblige
» à tout ce que dessus. Item ai reçu le dit tableau ; en foi de quoi
» manu propriâ.

» Je P. Jean-François, de quondam Jacques Zolfanelli, ensem-
» ble le sieur Jean Dominique Mantelassi, j'ai été présent et témoin à
» tout ce que dessus, et ai vu signer de leurs propres mains les sus-
» dits illustrissimes seigneurs marquis Charles Rinuccini et cheva-
» lier Antoine Antinori ; en foi de quoi manu propriâ ce jour susdit.

» Je Jean Dominique, de Jacques-François Montelassi, ensem-
» ble le révérend Jean-François Zolfanelli, ai été présent et témoin
» à tout ce que dessus, et ai vu signer de leurs propres mains les
» susdits illustrissimes seigneurs marquis Charles Rinuccini et che-
» valier Antoine Antinori ; en foi de quoi manu propriâ ce jour
» susdit. »

TEXTE ORIGINAL.

« Adi 50 Giugno 1767.

» Apparisca per la presente benchè privata scritta, da valere
» come se fosse un pubblico e giurato instrumento, qualmente l'il-
» lustrissimo sig. cav. Antonio del fu illustrissimo sig. Luigi Anti-
» nori ha venduto e vende all'illustrissimo sig. marchese Carlo del
» fu illustrissimo sig. marchese cav. Folco Rinuccini, comprante et
» accettante, un quadro di altezza braccia due et un terzo, e di lar-
» ghezza braccia uno e soldi diciassette ; nel quale vi è dipinta la
» Santa Conversazione di tre figure in grande e due Putti, di mano
» di Raffaello da Urbino, descritto dal Vasari nelle Vite dei Pittori,
» nella Vita di Raffaello suddetto ; consegnato a detto sig. marchese
» Rinuccini compratore.

» La qual vendita e compra fecero e fanno le parti suddette
» per il prezzo di zecchini cinquecento fiorentini, da pagarsi nel

» modo che appresso, cioè : zecchini centosessanta nell'atto della
» vendita, quali detto sig. cav. Antinori confessò e confessa aver-
» gli già ricevuti avanti la celebrazione della presente scritta; zec-
» chini cento nel termine di giorni otto, et il restante alla ragione
» di zecchini cinquanta l'anno senza alcun frutto.

     » E detto sig. cav. Antonio Antinori promesse e promette di
» mantenere a favore di detto sig. marchese Carlo Rinuccini il qua-
» dro suddetto libero et esente da ogni e qualunque vincolo di fide-
» commesso, ipoteca o altro; et in caso di molestia, promesse e
» promette di rilevare e del tutto conservare indenne il medesimo
» sig. marchese Rinuccini e suoi ec., con la restituzione del prezzo
» e refacimento d'ogni altro danno e spesa : e tutto sotto l'obbligo
» di sua persona, eredi e beni presenti e futuri, e beni dei suoi
» eredi.

     » Io cav. Antonio Antinori affermo, prometto, e m'obbligo a
» quanto in questa si contiene, et ho ricevuto in conto del prezzo
» del suddetto quadro la somma di zecchini centosessanta in più
» volte, et in fede mano propria.

     » Io marchese Carlo Rinuccini affermo, prometto, e m'obbligo
» a quanto in questa si contiene, et ho ricevuto il sopraddetto
» quadro, et in fede mano propria.

     » Io P. Giovanni Francesco del q. Iacopo Zolfanelli, assieme
» col sig. Giovanni Domenico Mantellassi sono stato presente e te-
» stimone a quanto sopra, et ho veduto sottoscrivere di propria
» mano i sopraddetti illustrissimi sig. marchese Carlo Rinuccini e
» cav. Antonio Antinori, et in fede mano propria questo di sud-
» detto.

     » Io Giovanni Domenico d'Iacopo Francesco Mantellassi, assie-
» me col rev. sig. Giovanni Francesco Zolfanelli, sono stato pre-
» sente e testimone a quanto sopra, et ho veduto sottoscrivere di
» propria mano i sopraddetti illustrissimi sigg. marchese Carlo Ri-
» nuccini e cav. Antonio Antinori, et in fede mano propria questo
» di suddetto. »

BUONARROTI (Michel-Ange), peintre sculpteur et architecte florentin, élève de Dominique Ghirlandaio. — *Né en 1474, mort en 1564.*

38. SAINTE-FAMILLE.

Panneau.

Haut 1,54. m. 5. — Large 1,7. m. 5.

« Il vint à la volonté d'Agnolo Doni, citoyen florentin, fort
» amoureux des belles choses des anciens et des modernes artistes,
» d'avoir quelque chose de son ami Michel-Ange. C'est pourquoi
« celui-ci lui commença une peinture sur rond, dans laquelle est
» une Notre-Dame agenouillée des deux jambes, ayant sur les bras
» un enfant qu'elle tend à Joseph qui le reçoit; peinture où Michel-
» Ange fait connaître par le mouvement de la tête de la mère du
» Christ, par la fixité de ses yeux sur la beauté de son fils, son
» ineffable contentement et son bonheur de l'offrir au saint vieil-
» lard, qui de son côté, avec un égal amour, avec une tendresse et
» un respect qui se lisent sur son visage, le reçoit sans y faire beau-
» coup d'attention. Mais cela ne suffisant pas à Michel-Ange, pour
» montrer davantage la grandeur de son art, il fit dans le fond
» beaucoup de nus appuyés, debout, et assis, et il exécuta son
» œuvre avec tant de soin et de délicatesse, que certainement de
» toutes ses peintures sur bois, bien que peu nombreuses, celle-ci
» est la plus belle et la plus achevée qu'il y ait. »

Ainsi s'exprime Vasari décrivant la Sainte-Famille d'Agnolo
Doni que l'on admire à présent parmi les plus précieux morceaux
de la Tribune, dans la Galerie de Florence.

Nous avons dans le tableau Rinuccini, parfaitement conservé, la même composition et la même disposition de figures, si ce n'est qu'il diffère dans quelques parties accessoires qui sont celles-ci.

La forme du tableau Rinuccini est rectangulaire au lieu d'être ronde, ce qui donne, au dessus des têtes principales, un champ plus spacieux enrichi d'arbres, de plantes, de fabriques, avec une eau qui court au pied d'une colline rocailleuse semée de constructions. Le petit Saint Jean qui est placé à la gauche de la Vierge, au delà du banc de pierre, n'a pas la tête ceinte de lierre; au lieu de tenir un thyrse appuyé à l'épaule gauche, ce qui est plutôt d'un petit Bacchus, il a les mains jointes. A la place d'un livre fermé, sont des fruits, dans le giron de la Vierge, et par terre, à côté de son genou gauche, se voient épars des poires et des concombres qui ne sont pas dans le rond de la Tribune.

Du reste, ce tableau, outre qu'il est dessiné et peint d'une manière toute magistrale, est tellement identique, quant aux figures, à l'original connu, que l'on ne peut refuser un certain poids à l'opinion assez généralement répandue que c'est une répétition, de la même main.

ALBERTINELLI (Mariotto), peintre florentin, élève di Cosimo Rosselli. — *Né en 1475? mort en 1520?*

220.   SAINTE - FAMILLE.

Sur bois.

Haute 0,88. m. 10. — Large 0,66. m. 4.

La Madone, demi-figure debout, tient entre ses deux mains, droit, sur un embasement de marbre, l'Enfant-Jésus qui regarde et bénit le petit Saint Jean, placé au dessous, dans une attitude de dévotion avec la croix dans ses moins jointes. A gauche, Saint Joseph est appuyé sur son bâton. Au fond, est tendu un rideau vert frangé d'or. Les têtes de la Vierge et de Saint Joseph, belles l'une et l'autre, rappellent la manière de Fra Bartholomée compagnon et associé de l'auteur.

PULIGO (Dominique), peintre florentin, disciple de Ridolfo del Ghirlandaio. — *Né en 1475, mort en 1527.*

109.   SAINT JEAN - BAPTISTE.

Panneau.

Haut 0,65. m. 5. — Large 0.47. m. 5.

Demi-figure, longue chevelure blonde ceinte de lierre : bras droit et poitrine nus ; dans l'action de prêcher, montrant avec un geste animé la croix qu'il tient de la main gauche. Belle expression et vivacité de visage. Coloris net et vaporeux.

Au revers du tableau est écrit à l'encre : *Del fu Sig^re. Gio. Gualberto Guicciardini 1727.*

ANDRÉ DEL SARTE (Andrea Vannucchi), peintre florentin, élève de Pier di Cosimo. — *Né en 1478, mort en 1530.*

160. SAINT JEAN PRÊCHANT A LA MULTITUDE.

Toile.

Haut 1,75, m. 2. — Large 2,10.

168. L'ANGE, DANS LE TEMPLE, ANNONCE A ZACHARIE SA POSTÉRITÉ.

Toile.

Haut 1,75. m. 6. — Large 2,10.

Ces deux toiles, magistralement peintes de clair-obscur, sont parfaitement semblables aux deux fresques d'André del Sarte dans le cloître de la Congrégation du Scalzo à Florence, desquelles la première, marquée du nom du peintre, porte les initiales A. V; et la seconde, la date M. D.

L'importance de ces clair-obscurs, déjà signalés dans la maison Rinuccini par Lanzi, *Storia Pittorica dell' Italia*, et par Biadi, *Notizie inedite della Vita di Andrea del Sarto*, Firenze 1829, p. 142 et 147, s'augmente encore de jour en jour par l'état de dépérissement auquel sont réduites les fresques du Scalzo.

99. ### MADONE ET L'ENFANT.

Sur bois.

Haut 0,89. — Large 0,67. m. 4.

La Vierge, demi-figure, est debout derrière un parapet de
marbre, sur lequel elle tient son divin Fils embrassé de la main
gauche par le milieu du corps ; de l'autre main elle s'appuye sur un
livre posé sur le parapet. Le fond est formé d'une tenture verte.

Ce tableau est catalogué sous le nom d'André del Sarte, dans le
Livret imprimé ; mais nous croyons devoir l'attribuer à Puligo, dont
les œuvres se confondent souvent avec celles d'André, à qui il était
lié par l'amitié et qu'il seconda beaucoup dans les travaux de l'art.

PÉRUZZI (BALTHAZAR), peintre et architecte siénois. —
Né en 1481, mort en 1536.

302. ### ADORATION DES MAGES.

Toile.

Haute 2,75. — Large 2,21.

Ce tableau se recommande par un si grand nom, que nous
ne pouvons à moins d'en parler, surtout après la publication qu'en
a faite la planche XXXVI de l'*Etruria Pittrice*.

La scène se passe devant un temple payen. La Vierge avec
l'Enfant dans ses bras occupe le milieu de la toile. Elle est debout
sur le pied gauche, le genou droit plié sur une banquette. Le plus

jeune des Rois est à sa gauche ; en avant sont les deux autres, dont un agenouillé a déjà déposé l'offrande de l'or et de la myrrhe avec sa propre couronne. Le plus âgé est appuyé à l'épaule d'un soldat. Tout autour est une foule de peuple de tout âge et de toute condition, étagée jusque sur les corniches du temple, une quantité d'esclaves et de ministres, une cour entière parée des plus riches vêtements. Dans le lointain s'élèvent les têtes des chameaux chargés de présents pour le nouveau-né. En tout on compte plus de cinquante figures.

Il est de fait que Peruzzi traita une fois ce sujet, mais dans de plus vastes proportions et avec une plus riche architecture et infiniment plus de variété de groupes et de composition : ce fut dans le dessin de clair-obscur qu'il fit pour le comte G. B. Bentivoglio, qui, au rapport de Vasari,[1] fut coloré plus tard par Girolamo da Trevigio. A ce sujet M. Rosini[2] nous surprend fort en disant que c'est précisément le tableau que nous décrivons ; erreur qu'il est facile de vérifier par la confrontation avec la grande gravure en sept planches qu'en fit Augustin Carrache en 1579.

—

SOGLIANI (GIOVANNANTONIO), peintre florentin, disciple de LORENZO DI CREDI, florissait au commencement du XVIe siècle.

240.   SAINTE - FAMILLE.

Panneau.

Haut 0,98. — Large 0,76.

La Vierge assise en rase campagne, tient dans ses bras son divin Fils, qui, tourné du côté gauche, bénit le petit Saint Jean gracieu-

[1] Vita di Baldassarre Peruzzi.
[2] Rosini, *Storia della Pittura Italiana*, Tom. V, pag. 52 e nota 15.

sement agenouillé, les mains jointes. Dans le fond, paysage avec arbres et fabriques.

Charmante peinture du faire le plus châtié et le plus frais et de la plus parfaite conservation.

LICINIO chev. (GIOVANNANTONIO), dit le PORDENONE, du nom de sa patrie, peintre, élève du GIORGION. — *Né en 1483 ou 1484, mort en 1539 ou 1540.*

479.   **MADONE AVEC L'ENFANT-JÉSUS.**

Toile.

Haute 1,10. m. 5. — Large 0,94.

La Vierge posée sur un siège de pierre, les bras élevés et les mains jointes, considère son divin Fils renversé, nu, sur ses genoux. Dans le fond s'étend un paysage composé de collines et de rochers avec maisons, et un pont sous lequel court un torrent. Cette peinture se distingue par son coloris et son relief, principalement dans le corps de l'enfant qui semble de chair vive ; mais on y observe cette vulgarité de formes qui faisait dire à Lanzi, parlant du Pordenone, qu'il choisissait des *originaux plus robustes qu'élégants.*

GHIRLANDAIO (MICHELE DI RIDOLFO DEL), peintre
florentin, élève de SOGLIANI, florissait dans la moitié du
XVIe siècle.

255.   SAINTE - FAMILLE.

Sur bois.

Haute 1,00. — Large 0,74.

La Madone, plus que demi-figure, assise dans la campagne,
soutient de sa main gauche, debout sur ses genoux, le divin Enfant, qui embrassé à sa mère, montre le petit Saint Jean placé à sa
droite, les mains croisées sur la poitrine, dans une attitude gracieuse
et une suave attention, tandis que la Vierge appuye son bras droit
sur son épaule.

Ce tableau est remarquable par la fraîcheur de son coloris et
par sa touche magistrale. La composition est selon les maximes des
plus considérables maîtres du temps. La tête du petit Saint Jean est
surtout fort belle.

Une note collée il n'y a pas long-temps derrière le panneau,
l'attribue à Livio Méhus, ce qui est une erreur; et nous le restituons à Michele di Ridolfo del Ghirlandaio.

BRONZINO (Angiolo), peintre florentin, élève de Pon-
tormo. — *Né en 1502, mort en 1572?*

217.   **PORTRAIT D'INCONNU.**

Bois.

Haut 0,98. — Large 0,75. m. 5.

Ce buste, plus que demi-figure de jeune homme, n'est pas
avenant, parce qu'il est camard. Il est coiffé d'une toque noire et
habillé d'un justaucorps de soie de même couleur, avec casaque
brune ornée de trois nœuds d'aiguillettes. Un ceinturon de cuir
noir lui serre la taille. Sa main gauche est posée sur une table, et
la droite tient près de la hanche un livre ouvert, sur la première
page duquel est écrit ce sonnet que nous transcrivons tout entier,
parce que nous le croyons inédit.

> « Famose frondi, de' cui santi honori,
> Per non so qual del ciel fero pianeta,
> Rado hoggi s'orna Cesare o Poeta,
> Merciè del guasto mondo e pien d'errori;
>
> Chi sarà mai, che degnamente honori
> Il bel che 'n voi sì dolcemente acqueta
> I venti et le tempeste, e 'n ciel si lieta
> Ogni anima gentil del volgo fuori?
>
> Et chi fia poi che degnamente ancora
> Adorar possa et quanto si conviene
> L'alta vertù, ch'è nel bel vostro involta?
>
> Io, da che prima nasce l'aurora
> Fin che di nuovo a l'oriente viene,
> V'adoro e inchino humil solo una volta. »

Sur l'autre page, en regard, est le sonnet de Pétrarque :

« O d'ardente virtù ornata e calda. »

103.   **PORTRAIT DE BLANCHE CAPPELLO.**

Panneau.

Haut 0,56. m. 5. — Large 0,42.

La princesse en demi-buste, sur un fond obscur, est vêtue de satin blanc brodé d'or ; une ample fraise et un collier de perles ornent son cou. Sur sa tête est un mince bandeau de perles et de pierreries. Au dessus de la tête est écrit : « B.^{a} Capp^i. G. D. T^a ; » c'est-à-dire : *Blanche Cappelli Grande-Duchesse de Toscane.*

PONTE (Iacopo da), dit le Bassan, du nom de sa patrie, peintre, élève de François, son père. — *Né en 1510, mort en 1592.*

452.   **UN MARCHÉ.**

Toile.

Haute 1,14. — Large 2,17.

La scène est remplie de figures et d'animaux de toutes les espèces, de barraques, de casseroles et autres ustensiles.

455. ## L'ARCHE DE NOÉ.

Toile.

Haute 1,14. — Large 2,17.

Les animaux, de toutes les races, par couples, mâles et femelles, sont introduits dans l'arche, par un plancher incliné qui sert de pont entre la terre et la barque.

Entre tant de sujets analogues, traités par le Bassano, ces deux sont dignes d'observation par la grandeur de leur dimension et par la vigueur et le goût du coloris. Ils furent vendus au marquis Pierre-François Rinuccini par le marquis Grimaldi.

ROBUSTI (IACOPO) dit le TINTORET, peintre Vénitien, élève de TITIEN. — *Né en 1512, mort en 1594.*

480. ### JÉSUS DISPUTE PARMI LES DOCTEURS.

Toile.

Haute 0,77. — Large 1,8. m. 5.

Assis à la gauche, dans l'intérieur d'un temple d'ordre corinthien, Jésus au milieu des Docteurs écoute les uns, interroge les autres, et les étonne tous par la sagesse et la grâce de ses discours dans un âge si tendre. Leur surprise se manifeste par leurs gestes et l'expression de leurs visages. Par la porte du fond, apparaît la Madone accompagnée de Saint Joseph, qui, en montrant son fils, semble dire à la mère : voici celui que nous avons cherché pendant trois jours. — On retrouve dans ce tableau la grandeur du style, la fierté du pinceau, la force du clair-obscur, toutes ces qualités enfin, qui firent du Tintoret le plus grand et le plus redouté des émules de Titien.

460.   SALLE DU GRAND CONSEIL A VENISE.

Toile.

Haute 1,80. m. 5. — Large 1,44. m. 6.

La perspective intérieure de la salle du grand conseil de Venise nous présente les sénateurs en séance, sur une estrade, présidés par le Doge placé dans le fond sur un siège plus élevé. Au dessous siègent les magistrats inférieurs. La soffite est ornée de lambris en bois sculpté et peint. Tout autour règne une frise décorée de fresques.

Nous trouvons dans les archives de la maison Rinuccini, touchant ce tableau exécuté d'une main expéditive, en manière d'ébauche, le renseignement suivant :

« A dì 1 aprile 1740.

« Io Ignazio Hugford ho ricevuto dall' Ill*mo* sig. Marchese Carlo Rinuccini ruspi diciotto gigliati, tanti sono per un quadro originale del Tintoretto, rapr*te*. il Consiglio di Venezia, con il suo adornamento alla Salv*sa*. (Salvator Rosa) intagliato e dorato : alto quasi tre braccia e mezzo incirca a me detto m°. pro*a*. dico. . . . . R*i*. 18.

Ce 1*er* avril 1740.

(*Je soussigné, Ignace Hugford, ai reçu de l'ill*me*. seigr. marquis Charles Rinuccini dix-huit sequins au lis d'or ; qu'il m'a payés pour*

*le prix d'un tableau original du Tintoret, rep^t. le Conseil de Venise,
avec sa bordure à la Salv^{or}. (Salvator Rosa) sculptée et dorée: haut
d'environ trois bras et demi. Je dis, m^u. pro^a. . . . . . Seq^{ins} 18.)*

VASARI (Georges), d'Arezzo, peintre et architecte. — *Né
en 1512, mort en 1574.*

57.   **BATAILLE.**

Dessin sur papier coloré, au crayon rehaussé de blanc.

Haut 0,75. — Large 1,28. m. 5.

C'est le dessin original d'une des histoires peintes par Vasa-
ri, dans la salle du grand Conseil au Palais-Vieux de Florence,
représentant la déroute de Bartolommeo d'Alviano, à la Torre San
Vincenzo des Maremmes, en 1505, lorsqu'il venait au secours des
Pisans et qu'il fut défait par Hercule Bentivoglio, capitaine dès
Florentins.

66.   **BATAILLE.**

Dessin comme le précédent.

Haut 0,74. m. 8. — Large 0,58. m. 5.

Dans celui-ci, c'est l'empereur Maximilien, qui en 1496 tente
de s'emparer de Livourne; histoire également peinte par Vasari
dans la grande salle du Palais-Vieux.

71. BATAILLE.

Dessin comme ceux décrits ci-dessus.

Haut 0,74. m. 8. — Large 1,28.

Episode de la guerre de Pise. Antonio Giacomini se dispose à donner l'assaut à la ville. A son bonnet est l'ordre qu'il avait reçu de la République florentine de ne pas attaquer. Le général, avant de décacheter la lettre, livre le combat et triomphe. Ce sujet a été exécuté comme les deux autres par le même peintre, et dans le même lieu.

— — —

SCARSELLA (SIGISMONDO), surnommé MONDINO, peintre ferrarais, élève de PAUL VÉRONÈSE. — *Né en 1530, mort en 1614.*

581. ADORATION DES MAGES.

Panneau.

Haut 0,59. m. 2. — Large 0,54. m. 2.

La Vierge assise près de la cabane a sur ses genoux l'Enfant-Jésus qui prend de ses deux mains l'offrande que lui présente le plus vieux des Rois, Gaspard, agenouillé, la tête découverte. Après celui-ci, vient le plus jeune, Balthazard, le Roi more, dans une attitude respectueuse, et en dernier, Melchior. A côté de la Vierge, Saint Joseph, debout, appuyé des deux mains sur un bâton, regarde avec intérêt. A la suite des Rois on voit un cheval blanc monté par un valet, et dans le fond, un paysage. Derrière le tableau est écrit en vieux caractères: *1576. Mondino Scarsella Pre.* (pittore).

LANFRANC (GIOVANNI LANFRANCO), de Parme, peintre, élève des CARACHE. — *Né en 1581, mort en 1647.*

525.   SAINT JÉRÔME.

Sur bois.

Haut 0,51. m. 4. — Large 0,51. m. 4.

Le vénérable vieillard, le corps nu, est peint en buste dans un rond, avec les mains jointes, tenant un rosaire. — La barbe, les cheveux, les mains, sont traités magistralement et d'une vaillante touche. Le dessin est large et facile, le pinceau est délibéré, point gai de couleur, mais harmonieux et clair. Cette peinture fut achetée à Naples par le marquis Pierre-François Rinuccini.

ALLORI (CRISTOFANO), peintre florentin. — *Né en 1577, mort en 1621.*

108.   PORTRAIT D'ALEXANDRE ALLORI.

Toile.

Haute 0,64. m. 6. — Large 0,48. m. 8.

Alexandre Allori, père de Christophe, est représenté dans sa vieillesse. La tête vive et animée est un peu chauve; les mousta-

ches et la royale sont grises; un ample collet est rabattu autour de
son cou; son habit est noir, et d'un manteau de même couleur
sort sa main droite.

Ce portrait appartenait au peintre Ignace Hugford : c'est le même
qui a été donné gravé en tête de la vie d'Alexandre Allori, dans
le tome VII de la *Serie degli uomini più illustri nella pittura, scul-
tura e architettura, coi loro elogi e ritratti*. Firenze, 1769–75; vol. 12,
in–4. fig.

DOMINIQUIN (DOMENICO ZAMPIERI, dit LE), peintre bo-
lonais, élève des CARACHE. — *Né en 1581, mort en 1641.*

499. **PORTRAIT DU CARDINAL FILOMARINO.**

Toile.

Haute 0,72. — Large 0,96.

Demi–figure assise, en rochet, avec le camail écarlate, signe
de sa dignité. Le prélat a le bras droit étendu et la main appuyée sur
un livre. De la gauche il tient une lettre avec la suscription : *Emin*^{mo}
Principi Card. Philomarini (sic). Dans le fond se développe la façade du palais Filomarino, comme on le reconnaît aux armes qui
sont sur la porte.

Il est facile de comprendre que le Dominiquin ait pu connaître Filomarino à Naples, quand il y fut peindre la chapelle de Saint
Janvier dans la cathédrale; et peut-être en fut-il secouru dans les
dures persécutions que lui suscita la jalousie de ses rivaux.

Ascagne Filomarino fut un des évêques les plus illustres et les
plus méritants qu'ait eus le siège de Naples; il fut un des plus doctes

soutiens des immunités de l'Eglise. Urbain VIII le créa cardinal en 1641.

Ce portrait de lui est peint avec une grande vivacité de couleur et beaucoup de relief; il est bien et moëlleusément empâté, et d'une excellente conservation. C'est ici le cas de reconnaître la vérité du jugement de Malvasia, quand il dit du Dominiquin « qu'il » observa plus qu'aucun autre le décorum et le costume, habillant » et ajustant les personnages selon le lieu, le temps, l'action et la » condition. »

LE CAVALIER BERNIN (Giovanlorenzo Bernini), architecte, sculpteur et peintre napolitain. — *Né en 1598, mort en 1680.*

381. **PORTRAIT DU CAVALIER BERNIN.**

Toile.

Haute 0,98. — Large 0,73.

Le cavalier Bernin, demi-figure, est vu presque de face; il a de longs cheveux, des moustaches et une royale, blancs. Un long rabat blanc tombe sur sa poitrine; il ne montre que la main gauche avec laquelle il soutient la toge dont il est vêtu.

Dans le Livret imprimé de la galerie Rinuccini, ce beau portrait passe sous le nom du cavalier Bernin lui-même; mais nous le restituons à Jean-Baptiste Gaulli, surnommé le Baciccio, peintre génois de 1639 à 1709; et pour cela nous nous autorisons de la belle gravure d'Arnold Van Westerhout qui se voit en tête de l'édition originale de la vie du Bernin par Baldinucci, gravure publiée

en 1682, du vivant même de Gaulli, avec son nom ainsi buriné :
Io. Bapt. Gaullus pin.

Gaulli fut en grande réputation pour le portrait, et il le méritait, car il y excellait. Le Bernin contribua beaucoup par son affection et ses conseils à le pousser dans l'art. Ratti, *Vite degli Artefici genovesi, vol. II, pag. 76,* nous apprend que « lorsqu'il avait à pein» dre des sujets historiques, le Bernin lui-même lui modelait des
» maquettes. De cette façon il lui rendait la tâche plus facile ; en
» même temps il le formait par ses leçons, si bien qu'en moins de
» rien il devint un des premiers peintres de Rome. »

Ce tableau a été donné au marquis Pierre-François Rinuccini, par son gendre, le marquis Pompée Azzolino.

FURINI (François), peintre florentin, élève de Matteo Rosselli. — *Né environ le 1600, mort en 1649.*

227. SAINT SÉBASTIEN PANSÉ PAR SAINTE IRÈNE.

Tableau rond sur toile, du diamètre — 0,98.

Le beau et jeune martyr est couché, nu, sur un lit, le corps supporté sur le coude gauche ; ses mains sont jointes, son visage et ses yeux sont tournés vers le ciel. La jeune Sainte, vue à mi-corps, lui pose la main gauche sur l'épaule droite, et de l'autre main lui extrait avec une pieuse attention les flèches qui lui percent le bras droit.

228. ## MARTYRE DE SAINTE AGATHE.

Sur toile, pendant du précédent.

La Sainte, demi-figure nue, a les mains étroitement liées derrière le dos par un bourreau. Devant elle, sur une table, sont les tenailles du supplice.

La fusion, la grace et la vérité du coloris feraient juger ces deux toiles l'œuvre d'un plus grand maître que Furini, et cependant elles sont bien de lui, et des meilleures qui soient sorties de sa main. Ainsi c'est par erreur qu'on a écrit sur un papier, collé naguère au revers de la peinture, le nom de « *Felice Ficherelli, detto Riposo.* » Le mérite de ces deux tableaux ne s'accorde pas avec ce nom.

Pour en revenir à Furini, il eut plus d'une occasion de peindre ce sujet de Saint Sébastien. Il le fit deux fois pour le marquis Vitelli. Un autre tableau du même Saint, de forme ovale, le buste avec les mains, était en possession de Baldinucci. (Voyez tom. XVI de cet auteur, pages 14 et 15 de l'édition de Mauni.)

CAGNACCI (GUIDO), de Castel Sant' Arcangelo, peintre,
élève du GUIDE. — *Né en 1601, mort en 1681.*

508.   **MADELEINE PÉNITENTE.**

Toile.

Haute 0,71. — Large 0,56. m. 5.

Demi-figure, vue de dos du côté droit, avec la tête de profil,
inclinée sur un crâne humain placé dans la main droite, qu'elle
contemple d'un air de méditation, et en pleurant. Ses longs cheveux liés en arrière tombent partie sur le dos, partie sur le sein
qu'ils cachent. L'épaule et le bras droit sont nus, l'autre côté
est couvert par une chemise et par une draperie bleue.

Cette peinture est d'une vérité de couleur et d'une force de
clair-obscur et de touche surprenantes ; elle appartient à la manière
la plus robuste du Guide. Comme toutes les productions de son auteur, elle captive vivement l'œil du spectateur. Ce qui n'est pas un
de ses moindres mérites, c'est que le peintre a évité la licence
commune à la plupart de ceux qui ont traité ce sujet.

Lanzi dit que Cagnacci est un peintre dont il est rare de trou-
ver des œuvres parmi nous, attendu qu'il fut chercher fortune en
Allemagne, et qu'il se rendit digne de la trouver à la cour de
Léopold Ier.

SASSOFERRATO (Giovan Batista Salvi, dit le),
peintre de l'école romaine. — *Né en 1605, mort en 1685.*

376.   LA VIERGE AVEC L'ENFANT.

Toile.

Haute 0,76. m. 6. — Large 0,65.

La Vierge, demi-figure assise, tient dans ses bras son divin
Fils qui dort sur son sein, tandis qu'elle-même colle son visage au
sien.

Sur le châssis est écrit: *A. Saxoferrato P.* (ictore) *egreg.* (io)
arcte (sic) $\overline{qm}$ (quam) *pietate. Romæ* 1681.

DOLCI (Carlo), peintre florentin, élève de Jacopo Vi-
GNALI. — *Né en 1616, mort en 1686.*

113. SAINT JEAN-ÉVANGÉLISTE DANS L'ILE DE PATHMOS.

Toile.

Haute 1,25. m. 8. — Large 2,9.

Charles Dolci a emprunté le thème de cette peinture, du passage de l'Apocalypse où il est dit (chap. XII, vi 1, 3 et 14): *Et*

*siguum apparuit in cœlo: mulier amicta sole, et luna sub pedibus
eius, et in capite eius corona stellarum duodecim. — . . . . . et
ecce draco magnus rufus, habens capita septem et cornua decem et in
capitibus eius diademata septem. — Et datæ sunt mulieri alæ duæ
aquilæ magnæ.*

Le Saint, étendu sur un rocher au milieu de l'île de Pathmos,
est vêtu d'une tunique obscure recouverte d'un ample manteau
d'écarlate. Il est au moment où, suspendant d'écrire, il reste en
extase à la vue du mystère de la Très-Sainte Conception qui lui
apparaît dans le ciel au milieu du disque lumineux du soleil, sup-
portée par le croissant de la lune, avec le Dragon aux sept têtes et
aux dix cornes, abattu. Derrière le Saint, et perché sur un roc, est
l'aigle de l'Évangéliste. Le peintre a écrit son nom dans l'angle in-
férieur du tableau, à la droite du spectateur: CAROLVS . DOLCIVS .
FLˢ. A . S . 1657.

Parmi le peu de tableaux que le Dolci a peints de grandeur naturelle, celui-ci est sans contredit un des plus importants, par la
vigueur extraordinaire du coloris et le contraste admirable des tons.
Baldinucci (vita di Carlo Dolci, tom. XVIII; page 34, édit. de
Manni) constate que ce tableau fut acheté par Pierre-François, fils
de Charles Rinuccini, pour le prix de 300 écus.

Dans la galerie Pitti est le même sujet peint sur cuivre, que
l'on estime être, non une petite copie, mais le premier jet de l'auteur; on le voit gravé dans le IIIᵐᵉ volume de *L'Imp. e R. Galleria
Pitti, illustrata per cura di Luigi Bardi.*

253.   LA FILLE D'HÉRODIADE.

Toile.

Haute 1,29. m. 5. — Large 1,03.

Plus que demi-figure, debout, grande comme nature, la jeune
fille est habillée d'une robe couleur d'aigue-marine, et par dessus,

un casaquin bleu, des manches duquel bouffe la chemise. Le casaquin est garni d'un fil de perles soutenant par son milieu une pendeloque de rubis, d'émeraudes et de perles. Le cou est orné d'un collier de perles; et aux oreilles, des pendants de même, brillent de tout leur éclat. De ses deux mains, elle soulève un bassin d'or ciselé dans lequel la tête du Précurseur est placée sur un linge blanc rougi de sang, le tout d'un effet admirable. La belle enfant détourne la tête du côté gauche avec une grace infinie, comme pour ne pas voir l'affreux spectacle. Ses blonds cheveux noués en arrière laissent échapper sur la joue une mèche annelée; son cou d'une éclatante blancheur se relie à sa gorge découverte. Du fond obscur se détache admirablement son élégante figure. Rien ne saurait rendre le charme de cet aimable visage, de ce frais coloris qui enchante dans toutes leurs parties.

254.   DAVID PORTANT LA TÈTE DE GOLIATH.

Toile.

Haute 1,29. m. 5. — Large 0,98.

Les cheveux chatains et bouclés sous un bonnet de fourrure, le jeune homme arrivé à son troisième lustre, est debout. Il porte une courte tunique d'un rouge foncé doublé de violet, serrée à la hanche par un linge blanc à franges. A son flanc droit pend une gibecière en peau de tigre, de laquelle sort la fronde, et à l'épaule du même côté est appuyé l'énorme glaive du géant. Sa main droite repose sur la tête détachée du vaincu qui montre encore la pierre fichée au milieu du front. Le fond est un ciel découpé à droite par une montagne boisée. Sur le roc qui supporte la tête de Goliath est écrit: A. S. 1680. F. C. D. FLOR. *(Anno Salutis 1680. Fecit Carolus Dolcius Florentinus.)*

De ces deux tableaux, dont le premier peut être regardé

comme le chef-d'œuvre de Carlo Dolci, nous rapporterons ce qu'écrit Baldinucci :

« A Florence, plut, pour le moins autant qu'aucune autre de
» ses œuvres, l'Hérodiade, plus que demi-figure, de grandeur na-
» turelle, avec la tête de Saint Jean-Baptiste, qu'il fit pour le mar-
» quis Rinuccini, conjointement à un autre tableau de David por-
» tant la tête du géant philistin. De l'Hérodiade, il fit une seconde,
» puis une troisième répétition. La seconde fut pour Jean Finch,
» résident de sa majesté le roi d'Angleterre, à Florence. Ce sei-
» gneur en fit hommage à son maître, qui la plaça dans son propre
» appartement. Il exécuta aussi pour le même envoyé le pendant
» du David avec la tête du géant, et une Sainte Marie-Madeleine
» que celui-ci donna à la Reine. » (Tom. XVIII, pag. 121 et suivantes.)

Ces deux tableaux furent commandés à Carlo Dolci par le marquis Pierre-François Rinuccini, et des notes écrites au dos du châssis, suivant l'usage de ce peintre, on relève que le David fut commencé le 10 septembre 1670, et qu'il reçut pour les deux peintures la somme de 250 écus;[1] ce qui est confirmé encore par deux quittances originales existantes dans les archives de la famille Rinuccini, et que nous ne croyons pas sans intérêt de transcrire ici.

Anno Salutis 1678, *ce* 12 *du mois de novembre.*

De l'illme. seigneur marquis Pierre-François Rinuccini, cent écus de sept livres l'un, tant en or qu'en argent, pour premier compte et à valoir sur le prix de deux tableaux, l'un, le jeune Saint David avec la tête de Goliath, et l'autre, Hérodiade portant la Sainte tête du

[1] Inscriptions des châssis : « 1670, 10 di 7bre *principiavo per l' Illmo sig. marchese Pier Francesco Rinuccini* 1679. — 1680 *altri dicci scudi.* — 1681 *di marzo, scudi novanta per resto.* » Nel telaio dell' Erodiade : « A. S. 1678. a' 9 *di nov^e prima parte scudi cento di lire sette.* »

(Sur le châssis du David : « 1670, 10 di 7bre *j'ai commencé pour l'Ill^{me} seigneur marquis Pierre-François Rinucini* 1679. — 1680 *autres dix écus.* — 1681 *mars, nonante écus pour reste.* » Sur le châssis de l'Hérodiade : « A. S. 1678. 9 *nov^{bre} premier payement, cent écus de sept livres.*)

glorieux Saint Jean-Baptiste. Apportés par un effet de sa bonté, et comptés de sa propre main, à moi Carlo Dolci son très-obligé serviteur. 100.) [1]

Anno Salutis 1680 (style commun 1681).

(Ce 8 du mois de mars, nonante écus, reste de deux cents cinquante pour mon entier payement de 2 tableaux de ma main: savoir, le jeune David avec la tête du géant, et Hérodiade avec la tête de Saint Jean-Baptiste, de par l'illme. seig^ur. marquis Pierre-François Rinuccini à moi Carlo Dolci, comptant 90 écus.) [2]

---

[1]   *Anno Salutis* 1678 il dì dì novembre a' 12.

« *Dal Illmo sign. Marchese Pier Francesco Rinuccini scudi Cento di lire 7 per scudo moneta in oro e argento, per a buon conto e prima partita di due quadri effigiatovi il Santo giovane David con la testona del Golia, e nel altro Erodiade portante il Santo Capo del gloiosis^mo (sic) Santo Giovanni Batista. Recò sua benignità e di propria sua mano a me Carlo Dolci suo obbligatissimo servo.* 100. »

[2]   *Anno Salutis* 1680 (stile comune 1681).

« *Agli 8 di marzo scudi noranta per resto di dugento cinquanta per mia satisfazione di 2 quadri di mia mano: il giovane David con la testa del gigante; nel altro, Erodiade con la testa di San Giovan Battista nel bacino, dal Illmo sig. Marchese Pier Francesco Rinuccini a me Carlo Dolci contanti S.* 90.

NB. La galerie Rinuccini possède encore un petit tableau du Saint-Suaire derrière lequel est écrit à main courante : « A. S. 1659. *Io Carlo Dolci.* »

COSTANZI (Placido), peintre romain. — *Né en 1688, mort en 1759.*

372.　　　CHRIST EN CROIX.

Toile.

Haute 0,64. m. 8. — Large 0,48.

Le Rédempteur, attaché à la croix sur le Golgotha, est entouré de trois têtes de Séraphins qui nagent dans l'air. Au dessous, Marie–Madeleine embrasse amoureusement le pied de la croix. Dans le fond, un sombre crépuscule perce les épaisses nuées d'un ciel sombre, qui à travers une déchirure, laisse apercevoir un pan d'azur d'où échampe la tête du Christ. A droite, un groupe de maisons indique la ville de Jérusalem ; à gauche, un soldat à cheval et d'autres à pied se disposent à marcher ; par terre, à côté d'un crâne, est un ossement humain sur lequel est écrit : PLACIDO COSTANZI F. 1727.

La tête et le corps du Sauveur, délicatement peints, sont empreints d'une grande noblesse d'expression et de forme. L'intonation générale du suave coloris de ce charmant petit tableau rappelle assez la manière du Guide que le peintre aspirait à imiter, et souvent non sans succès.

Ce tableau est passé à la maison Rinuccini par un legs du docteur Cucchini.

ROSA (SALVATOR), peintre napolitain, élève de l'ESPAGNO-
LET. — *Né en 1615, mort en 1673.*

405.   **MARINE.**

Toile.

Haute 1,15. m. 5. — Large 1,72. m. 7.

Nous sommes en présence d'une darse peuplée de navires, de
bâtiments, de barques de toute espèce, qu'une foule de gens sont
occupés à radouber et calfater. L'enceinte du port est une ruine qui
se termine à droite par une tour à demi démolie, sur laquelle on
voit l'arme des Médicis. A gauche s'alonge le môle, et dans le fond,
le littoral est fermé par une muraille de rochers.

438.   **RUINES ANTIQUES AVEC FIGURES.**

Toile.

Haute 1,12. m. 8. — Large 1,72. m. 7.

Ici la scène est plus horrible. Au milieu des débris d'un antique et grandiose édifice romain, éclairé d'un faible jour et affaissé
sous une lourde atmosphère, sont réunis des mendiants, des vaga-
bonds, des estropiés, qui jouent aux cartes, qui boivent, qui dor-
ment, qui se pouillent, les uns moitié nus, les autres dépenail-
lés, tous ignobles et dégingandés : voilà pour le premier plan. Plus
loin, à droite, sur des murailles abritées de baraques, sont d'autres figures de plus petite proportion ; et à gauche, des buveurs
qui se lèvent de table et en viennent aux mains à coups de banquet-
tes et de fiasques.

L'écusson des Médicis qui se voit dans le premier de ces deux beaux tableaux, ferait supposer qu'ils sont, sinon tous deux, du moins celui-là, du nombre de ceux que Salvator Rosa exécuta pendant son séjour à Florence pour le cardinal Jean-Charles, de cette illustre famille.

ÉCOLES ÉTRANGÈRES.

DURER (ALBERT), peintre de Nuremberg. — *Né en 1472,* *mort en 1528.*

691.   **TÊTE DU RÉDEMPTEUR.**

Bois.

Haut 0,21. — Large 0,18. m. t.

La tête du Rédempteur est couronnée d'épines. Cette précieuse peinture est authentiquée par le monogramme du peintre, avec la date 1514.

ÉCOLE DE HOLBEIN.

697.   **PORTRAIT D'HOMME.**

Panneau peint sur les deux faces.

Haut 0,43. — Large 0,32.

D'un côté est le portrait d'un jeune homme imberbe, avec de longs cheveux taillés à la hauteur des épaules. Il est vêtu d'une casaque fourrée, et coiffé d'une toque noire. Dans sa main droite gantée, il tient un œillet, et dans la gauche, nue, un mouchoir blanc.

De l'autre côté est une déposition de croix, avec Madeleine et Joseph d'Arimathie, sur un fond de paysage où est représenté en très-petites figures la résurrection du Christ.

Ce joli tableau, en parfait état de conservation, appartient plutôt au faire de Hugues Van der Goes, qu'à celui de Holbein.

PATENIER (Joachim), peintre de Dinan. — *Florissait à Anvers, environ l'an 1520.*

694.   DÉPOSITION DE CROIX etc.

Triptyque ogival avec volets, fixés dans un même tableau.

Haut 0,49. — Large 0,59.

Dans la partie du milieu, la mère du Rédempteur agenouillée en terre, soutient la tête de son fils dont le corps est étendu au pied de la croix. Madeleine prosternée, tenant en main le vase des onguents, ouvert, fixe d'un œil douloureux les plaies du divin maître. Au centre est Saint Jean debout; sur le devant, Saint Joseph d'Arimathie, vu de dos, tandis que Nicodème, le visage caché dans les mains, accourt désespéré pour voir le corps de Jésus. Un crâne et des ossements humains, une couronne d'épines et des clous sont épars sur le terrein. Le fond du paysage traité avec la rare habileté de ce peintre, montre des maisons et des arbres entre lesquels s'aperçoit le sépulcre creusé dans le roc.

Au volet de droite, la Madone assise par terre tient sur ses genoux le Divin Enfant qui tend les bras pour saisir un fruit que lui montre Sainte Anne, dont l'autre main est occupée par un livre ouvert. Paysage boisé et fabriques pour fond.

Au volet de gauche, Saint-François à genoux reçoit les stigmates pendant que son compagnon est plongé dans le sommeil.

SWART (Jean), peintre flamand. —*Florissait en 1525.*

695.   ADORATION DES MAGES, etc.

Triptyque ogival à volets.

Haut 0,81. — Large 0,97. m. 5.

Dans la partie du milieu est représentée l'adoration des Mages,
avec un riche fond d'architecture et de paysage. Au volet de droite,
la Vierge agenouillée dans l'étable adore le divin nourrisson couché
par terre. Dans le fond, une campagne et un village en proie aux
flammes, avec une figure d'homme portant une torche allumée.
Volet de gauche, la fuite en Egypte ; à distance, sur une élévation,
une statue de divinité païenne qui tombe en morceaux sur le sol.

Les tableaux de ce peintre, qui faisait également bien paysages
et figures, sont assez rares.

NEEFFS (Peeter), le père, peintre d'Anvers. —*Florissait environ l'an 1610.*

570.   INTÉRIEUR D'ÉGLISE.

Sur bois.

Haute 0,52. m. 5. — Large 0,25. m. 5.

Vue intérieure d'une église gothique animée de plusieurs figures,
les unes qui prient, les autres qui demandent l'aumône. Au premier

pilier à la gauche de l'église, est écrit le nom du peintre, de cette façon : P. . . . NEEFFS.

L'histoire nous apprend que Neefs s'adonna particulièrement à peindre les intérieurs d'églises du style arc-aigu, et que pour égayer la monotonie des lignes, il y faisait ajouter des petits épisodes, dont tantôt Téniers et Breughel, tantôt Frank et Tulden exécutaient les figurines.

LAAR, ou **LAER** (Pierre), surnommé Bamboche, élève de Jean del Campo. — *Né en 1613, mort en 1675.*

571.   BAMBOCHADE.

Toile.

Haute 0,56. m. 5. — Large 0,42.

A la gauche du tableau se voit une hôtellerie de campagne devant laquelle est une table; une femme cessant de filer écoute un pauvre montagnard qui joue de la guitare assis sur une banquette; près de lui sont deux chiens. Du côté opposé de la table, un homme assis porte un verre à sa bouche; un autre est en pied le verre à la main; un troisième, est un jeune homme. Au centre de la composition, l'hôtelier qui a donné à boire à un montagnard monté sur une jument qu'accompagne son poulain, attend son payement. Par terre est un bât, et plus en arrière un gros arbre nu. Le fond est un ciel serein.

Nous n'avons pas hésité à donner le nom de Laar à l'auteur de ce tableau, que le Livret marque: anonyme flamand, sûrs de ne pas nous tromper.

courant de leur côté. Sur ... une femme lave au

DUGHET (Gaspard), dit le Guaspre, élève de Nicolas Poussin dont il prit le nom. — *Né à Rome en 1613, mort en 1675.*

384. PAYSAGE.

Toile.

Haute 0,45. m. 8. — Large 0,65.

Étendu, et vu de dos, au milieu d'une forêt touffue semée de rocailles, un homme semble indiquer la route à une villageoise debout devant lui. Plus loin, sur un sentier, s'aperçoit une femme portant sur sa tête une cruche d'eau. A l'horizon, la teinte des montagnes est azurée comme le ciel.

392. PAYSAGE.

Toile.

Haute 0,47. m. 6. — Large 0,65.

Un pâtre assis sur l'herbe, à l'ombre des bois, a près de lui un chien blanc. Plus loin, deux figurines longent le rivage d'un fleuve. Diverses fabriques s'élèvent dans le fond, qui se termine par la perspective d'une ville.

393. PAYSAGE.

Toile.

Haute 0,48. m. 8. — Large 0,66.

Toujours un bois. Sur le premier plan, un homme debout discourt avec un autre assis par terre, tandis qu'un chien vient en

courant de leur côté. Sur un plan plus reculé, une femme lave au
bord d'un ruisseau; auprès d'elle est un homme en pied; et au
fond, par une montée qui conduit longuement à un château, on
voit un voyageur dirigé vers ce but, qui dépasse deux personnes
assises sur le terrein, et qui a devant lui deux figures plus éloignées
arrêtées devant une fontaine située en dehors du château.

Ces trois paysages, particulièrement les deux derniers,, ont
toutes les éminentes qualités qui placent Gaspard Poussin au premier rang parmi les paysagistes, c'est-à-dire, la vérité dans la re-
production de la nature, le goût dans l'exécution du paysage et des
figures, et le choix dans le sujet et la composition.

SWANEVELT (Herman), peintre hollandais, élève de
Claude Lorrain. — *Né en 1620 environ, mort en 1690.*

573.   PAYSAGE.

Toile.

Haute 0,48. m. 5. — Large 0.72.

Beau paysage italien au coucher du soleil. Au milieu d'un bois
dort une eau marécageuse. A droite du tableau, un homme et une
femme descendus du fourré se disposent à passer le gué. A une
certaine distance du même côté, deux autres figures plus petites
côtoyent la lisière du bois. Un chasseur à l'affût près de l'eau,
chasse les oiseaux aquatiques qui se cachent dans les roseaux.

574.   PAYSAGE.

Toile.

Haute 0,48. m. 5. — Large 0,72.

Bois traversé par un pont en ruine, sur lequel passe un homme précédé de bêtes de somme. Sous l'arche coule de l'eau d'où deux hommes tirent un noyé; un autre homme reste spectateur. Dans le fond s'élève un château féodal.

BOURGUIGNON (Jacques Courtois dit le), peintre. —*Né en Bourgogne en 1621, mort en 1676.*

274.   BATAILLE.

Toile.

Haute 0,27. m. 5. — Large 0,17. m. 5.

L'azur du ciel est offusqué par la fumée de l'artillerie; le gazon, foulé par les rangs des cavaliers bardés de fer qui volent au combat. Tout est confondu: mais le groupe qui est sur le premier plan, le feu, l'impétuosité des combattants, font deviner combien horrible est la mêlée. Le sol est jonché de chevaux et de cavaliers expirants. C'est ainsi que la bataille s'explique par peu de figures mises en relief avec un admirable bonheur d'exécution.

HELMBRECKER (THÉODORE), peintre de Harlem, élève de GREBBER. — *Né en 1624, mort en 1694.*

569. L'HIVER.

Toile.

Haute 0,50. m. 5. — Large 0,65. m. 5.

Dans une campagne couverte de neige, devant une maison de chétive apparence, des hommes, des femmes et des enfants se chauffent autour du fourneau d'un crieur de châtaignes. A droite, une femme assise, file ; à gauche, un berger appuyé sur un grossier tréteau, dort entouré de divers outils. A la tête du tréteau est écrit : *Teod[us]. f. 1684.*

565. LE PRINTEMPS.

Toile.

Haute 0,54. — Large 0,65. m. 5.

A l'ombre d'un arbre touffu, trois femmes folâtrant dans un riant asile de verdure et de fleurs, écoutent les galanteries d'hommes rustiques : une tient un bouquet à la main, une autre a le front couronné d'une guirlande. Tout près, un petit garçon arrose des vases de fleurs, et dans le lointain de la campagne un pâtre rappelle ses troupeaux au son de la cornemuse.

566.   L'ÉTÉ.

Toile.

Haute 0,50. m. 5. — Large 0,62.

Des moissonneurs et des moissonneuses réunis sous des arbres, goûtent la fraîcheur de l'ombrage : qui se repose, qui mange, qui boit, qui dort, tandis que d'autres qu'on voit dans le fond scient le blé. Le nom *Teodor. f. 1682* se lit sur le rateau qui sert de point d'appui au moissonneur qui boit.

568.   L'AUTOMNE.

Toile.

Haut 0,50. m. 5. — Large 0,62.

Nous sommes en pleines vendanges. La scène est en rase campagne. Près d'une pauvre chaumière, les vignerons foulent dans les cuves le raisin apporté par des hommes et des femmes, pêle-mêle. Un enfant couché près d'un panier comble de grappes et de pommes, regarde avidement un de ces fruits que lui montre une femme assise. Du côté opposé, une jeune fille assise par terre, joue avec un petit chien. Sur le support où pose le panier est écrit : *Teodor. 1682.*

Baldinucci, tom. XIX, pag. 102, édition de Manni, cite ces quatre tableaux comme déjà du marquis Foulques Rinuccini.[1] Ce

---

[1] Baldinucci fait aussi mention d'un autre tableau de Helmbrecker, de la même dimension que les Quatre Saisons, représentant une mascarade. — Sur un char tiré par une paire de bœufs, des femmes et des hommes bizarrement travestis jouent du violon, de la guitare et de la contre-basse. Tout autour, devant et derrière le char, figures et pantomimes bouffonnes. Plus en avant, un marchand de gimblettes montre à une femme qui tient un enfant, la scène burlesque.

Ce tableau fait partie de la galerie Rinuccini, et est coté nº 562 du Catalogue imprimé.

sont les mêmes que Descamps, tom. II, pag. 341, édition de Jom-
bert, 1753-63, décrit parmi les œuvres de Théodore à Florence,
les mettant au nombre des dernières productions de sa vie, et des
plus clairs de ton, dans le goût italien. La nature, en effet, y est
traduite avec vérité; le paysage en est varié; les figures y sont
touchées avec gaîté, grace, esprit et amabilité, la mise en scène y
est pleine d'intelligence.

RESCHI (Pandolfe), de Dantzick, peintre, élève du
Bourguignon. — *Mort en 1699 environ, âgé de 56 ans.*

287.   **BATAILLE.**

Toile.

Haute 1,44. — Large 1,74.

Le choc a lieu entre la cavalerie ottomane et une troupe de cavaliers chrétiens armés de toutes pièces et rangés autour d'une ban-
nière rouge à la croix blanche. Mais les infidèles ne peuvent résister
à l'impétuosité des chrétiens : le désordre gagne leurs rangs où
beaucoup ont succombé; tout annonce la déroute de l'armée qui
commence à se débander. La vaste plaine où se livre le combat est
terminée par une ville traversée d'un fleuve, et commandée par une
ceinture de monts onduleux armés de pointes de châteaux. Au centre de l'action sont placés deux pins élevés qui distribuent avec
beaucoup d'art les parties de la composition.

Le peintre a mis la lettre initiale de son nom, P, sur la fesse d'un cheval blanc qui, vu par derrière, est dans les rangs des chrétiens.

On conserve dans les archives de la famille Rinuccini le reçu du payement de ce tableau, ainsi conçu :

« A dì 27 7mbre 1680.

« Io Pandolfo Reschi ho ricevuto scudi vinti di giuli 10 dal Illmo. sig. Folcho Rinoncini per un quadro fatto. . . . . sd. 20.

262.   **PAYSAGE AVEC FIGURES.**

Toile.

Haute 1,00. — Large 1,55.

Au sommet d'une colline surgissent des habitations groupées autour d'une église, et plus bas un moulin que l'on prétend être la Torre a Quona, propriété de la famille Rinuccini. Sur le premier plan sont des figures à pied et à cheval, desquelles se détache un gentilhomme, que l'on croit le marquis Foulques Rinuccini. La fesse de son cheval porte la lettre P, marque habituelle du peintre.

Ce tableau fut commandé à Pandolfe par le marquis Foulques, comme on relève du reçu conservé dans les archives de la maison :

« A dì 23 marzo 1681.

« Io Pandolfo Reschi ho riceuto dal Illmo. Sig^{r}. M^{a}. Folcho Rinuncini scudi vinti romani, che sono per un quadro fattogli, entrovi un paese con figurini. A me detto contanti. . . . . : S. 20. »

275.   **BATAILLE.**

Toile.

Haute 0,57. m. 7. — Large 0,48. m. 5.

En première ligne sont des chevaux et des cavaliers cuirassés tombés à terre. Deux cavaliers au galop, l'un en cuirasse et l'autre avec un large feutre empanaché à la bourguignone, avec un drapeau jaune à son arçon. Ce dernier est suivi d'un autre cavalier armé de fer, qui lui décharge un coup de pistolet dans les reins. Plus loin a lieu un choc de cavalerie, et dans le fond un château domine la pointe d'un mont.

Le *Catalogue* imprimé attribue ce tableau au Bourguignon ; mais c'est une erreur qui se vérifie par le style de la peinture et par un autre reçu existant dans les archives, qui paraît se référer à cette bataille.

« *A dì 20 agosto 1686.*

« *Io Pandolfo Reschi ò riceuto dal Illmo. Sig^r. Folcho Rinuncini Ducati dieci, che sono per la valuta di una Battaglietta da me dipinta, a me detto contanti. . . . . S. 10.* »

LARGILLIÈRE (NICOLAS DE), peintre français. — *Né en 1656, mort en 1746.*

704. PORTRAIT DE BARDO MAGALOTTI.

Toile ovale.

Haut 0,57. m. 8. — Large 0,50.

C'est un homme à longs cheveux blancs, divisés sur le front et tombant sur le devant des épaules. Sa face est rubiconde, coupée par de minces moustaches blanches. Il est en cuirasse, avec un manteau lie-de-vin.

Et cet homme est le général Bardo Magalotti, comme le dit une inscription au revers de la toile, conçue de la manière qui suit: « *Ritratto del sig. Bardo Magalotti, Tenente Generale al servizio de la Corona di Francia, e primo Governatore di Valenciennes, che venne a levare e formare il Reggimento Reale Italiano di Francia. Dipinto a Parigi da M. Largilliere.* » [1]

Bien que Largillière eût le titre de peintre d'histoire, du Roi, toutefois il s'occupa plus spécialement du portrait, dans lequel il déploya la franchise, la morbidesse et la grace du pinceau; il excellait surtout dans la ressemblance.

----

[1] Portrait de M. Bardo Magalotti, Lieutenant-Général au service de la couronne de France, et premier gouverneur de Valenciennes, qui vint lever et former le régiment Royal-Italien de France. Peint à Paris par M. Largillière.

MENGS (Antoine-Raphaël), peintre d'Aussig en Bohême,
élève de son père Ismaël. — *Né en 1728, mort en 1779.*

370. **PORTRAIT DE LORD COWPER.**

Toile.

Haute 0,72. — Large 0,57. m. 5.

Demi-figure vue de face, tête poudrée à frimas; habit et veste
de velours cramoisi; chemise à jabot et manchettes, et la main droite
avec le geste de l'indication. Au revers est écrit de gros caractères
romains, à l'encre :

HANC . COWPERI . IMAGINEM
INTER . MAGNÆ . BRITANNIÆ . PROCERES
QVAM . DIVINVS . RAPHAEL . MENGS
FLORENTIÆ . ANNO . MDCCLXIX . PINXIT
COWPERVS . IDEM . NVNC . S . R . I . PRINCEPS
CAROLO . RINVCCINIO . BASELECÆ . TOPARCHÆ
AMICO . SVAVISSIMO . DONABAT.

Lord Cowper demeura plus de trente ans à Florence, toujours
avec l'intention de partir le mois suivant.

Mengs avait peint aussi pour le même gentleman une Sainte-
Famille sur toile.

Il y a encore de lui dans la galerie Rinuccini un portrait,
demi-figure, du cardinal Zelada, commencé à Rome et terminé à
Florence. Il porte le numéro 371 du Catalogue imprimé.

369.   COPIE DE LA MADONE A LA CHAISE, DE RAPHAËL.

Panneau rond, 0,71. m. 5. de diamètre.

Suivant Giovan Lodovico Bianconi, *Elogio storico del Mengs*, *Pavia 1795, pag. 13*, cette merveilleuse copie fut exécutée pour Joseph Tealdo de Gênes. Derrière, on lit d'écriture courante, en français : « *Copié par le chevalier Mengs d'après le tableau original de Raphaël.* »

356.   DÉPOSITION DE CROIX.

Carton.

Haut 1,85. — Large 1,54. m. 5.

Le corps nu du Rédempteur, repose à moitié alongé, sur une pierre quadrangulaire. Son flanc droit est appuyé à la hanche de Saint Jean qui le soutient, agenouillé, lui passant la main gauche sous l'aisselle ; tandis que de l'autre il le soulève avec un pan du linceul sur lequel il est étendu. La plus rapprochée des deux Maries détache la couronne d'épines de la tête du Sauveur. Aux pieds, est Madeleine à genoux, les moins jointes ; et à côté, la Mère affligée, les mains en croix. Au-dessus, s'avance la tête de la plus âgée des Maries, et dans la même direction, on voit à une certaine distance Joseph d'Arimathie et Nicodème qui cherchent, à la lueur d'une torche, un lieu approprié à recevoir la divine dépouille. A droite, en arrière, la plus jeune des pieuses femmes s'éloigne du douloureux spectacle en essuyant ses larmes avec un linge.

Les airs de tête dans plusieurs des figures de cette composition, dessinée avec une grande finesse de travail, au crayon blanc et noir sur un papier de teinte azurée, sont des réminiscences de Raphaël d'Urbin.

Mengs fit ce carton à Rome, par commission du marquis Rinuccini, pour que, peint à l'huile, il servît de pendant à la Sainte-Famille de Raphaël qui est encore dans cette galerie. La mort l'empêcha d'accomplir ce projet. C'est en mémoire de cela qu'on a tracé au bas du carton le distique suivant :

HUIC TABVLÆ EXTREMOS DVM DVCIT ARRVNDINE TRACTVS
MENGSIVS INFELIX PROH DOLOR ! EMORITVR.

Le chevalier D'Azara, *Mémoires sur la vie de Mengs,* en parle dans les termes que nous allons rapporter : « .... Pendant les der-
» niers instants de sa vie, il fit au crayon le carton de la Descente de
» croix dont la composition est différente de celle qui est dans l'ap-
» partement du roi d'Espagne ; et malgré la répétition du même
» sujet, il sut en varier l'ensemble, ainsi que l'expression, d'une
» manière si étonnante, qu'il est impossible d'en donner une idée.
» Socrate n'a pas décrit avec autant de justesse, de vérité, de cha-
» leur et de dignité, les passions de l'ame, que M. Mengs a su les
» exprimer avec deux différentes couleurs seulement ; et tandis que
» je suis occupé à écrire ces mémoires, Rome entière admire ce
» prodige de l'art, dont M. le marquis Rinuccini, de Florence, qui
» en a fait offrir mille écus, est actuellement possesseur. »

APPENDIX.

PORTRAITS D'HOMMES ILLUSTRES

peints à fresque dans la villa ci-devant Pandolfini

PAR ANDREA DAL CASTAGNO.

CASTAGNO (ANDREA DAL), peintre florentin. — *Né dans les commencements du XVme siècle, mort environ l'an 1480.*

FILIPPO DEGLI SCOLARI, dit PIPPO SPANO.

Fresque transportée sur toile.

Haute 2,52. — Large 1,64.

Spano de Temeswar, dix fois vainqueur des Turcs,[1] est debout, le corps plié sur la hanche. Ses deux mains tiennent une épée nue placée en travers de ses jambes qui sont écartées. Il est tout couvert de fer, avec un surcot bleu garni d'un falbala à ramages, serré à la taille par un ceinturon de cuir jaune. Sa tête est découverte; ses longs cheveux châtains sont incultes; ses moustaches et sa barbe sont rares. Il porte écrit sous ses pieds, en lettres romaines: DOMINVS PHILIPPVS HISPANVS DE SCOLARIS RELATOR VICTORIE THEVCRORVM.

FARINATA DEGLI UBERTI.

Fresque transportée sur toile.

Haute 2,52. — Large 1,64.

En pied, vu de trois quarts, tourné vers la droite, le guerrier armé de toutes pièces porte une cotte-de-mailles et une cotte-d'armes rouge avec un ample chaperon de même couleur; sa main droite repose sur son épée engaînée appuyée contre terre, et sa main gauche sur sa hanche. Dans le bas est écrit: DOMINVS FARINATA DE VBERTIS SVE PATRIE LIBERATOR.

---

[1] Iacopo di Poggio Bracciolini, *Vita di Messer Filippo Scolari*, imprimée pour la première fois dans le tome IV^mo de l'*Archivio Storico Italiano*.

NICOLAS ACCIAIUOLI.

Fresque transportée sur toile.

Haute 2,52. — Large 1,64.

Le corps en face, la tête tournée à gauche et vue de profil, le grand Sénéchal de Naples tient de ses deux mains, en travers, le bâton, insigne de sa charge. Vêtu entièrement de fer, il a par dessus son armure une cape fourrée d'hermine et la tête chaperonnée. Sous ses pieds on lit: Magnvs Thetrarcha de Acciarolis neapoletani regni dispensator.

SIBYLLE DE CUMES.

Fresque transportée sur toile.

Haute 2,52. — Large 1,64.

Jeune et avenante femme. Ses longs cheveux châtains s'échappent à flots d'un diadême de pierres et d'un léger tortis agrafé, pour retomber sur ses épaules; de la main droite elle montre le ciel, et de la gauche elle tient un livre fermé, dans une couverture verte. Elle est vêtue d'une tunique rouge changeant avec falbalas jaunes, et d'un pardessous verdâtre. Elle a sur les épaules un mantelet blanc, et aux pieds une chaussure rouge. L'inscription dit: Sibilla Cvmana qve prophetavit adventvm Christi.

LA REINE ESTHER.

Fresque transportée sur toile.

Haute 1,20. — Large 1,64.

Demi-figure, visage serein, tourné à gauche, et vif regard. La tête, couverte d'une ample draperie blanche, à rebord jaune, qui tombe sur les épaules, surmontée d'un diadème de brillants. Le corps habillé d'une robe blanche, serrée aux flancs par une écharpe jaune, et d'un manteau vert dont un pli est soutenu par la main gauche, tandis que la main droite tient déployée une banderolle où est écrit : ESTER REGINA GENTIS SVE LIBERATRIX.

LA REINE THOMYRIS.

Fresque transportée sur toile.

Haute 2,52. — Large 1,64.

La tête élevée et tournée du côté droit, sa longue chevelure blonde retombe en tresses, sous une couronne. A son front brillent des perles attachées à un ruban rouge. Elle est vêtue d'une cuirasse de fer sur laquelle une ample draperie jaune, dont elle ramène les plis sur la hanche gauche; sa main droite presse une longue lance, le fer contre terre; sur sa chaussure rouge flotte une robe bleue. En bas est l'inscription : THOMIR TARTARA VINDICAVIT SE DE FILIO ET PATRIAM LIBERAVIT SVAM.

DANTE ALIGHIERI.

Fresque transportée sur toile.

Haute 2,52. — Large 1,64.

Le divin poète est debout, la figure tournée à gauche. Dans sa main gauche il tient moitié ouvert le livre du poème sacré, et de l'autre étendue en haut il semble faire le geste qui accompagne la parole. Sa tête est affublée d'un capuchon rouge doublé de vair et orné d'une houppe; de son capuchon pendent des oreillettes blanches. Une ample cape rouge recouvre sa robe bleue; son bas de chausses et sa chaussure sont noires. En bas est écrit: DANTES DE ALEGIERIS FLORENTINI (sic).

FRANÇOIS PÉTRARQUE.

Fresque transportée sur toile.

Haut 2,52. — Large 1,64.

Debout, presque de face, la tête tournée à droite, coiffé d'un capuce rouge doublé de vert, habillé d'une large cape rouge avec une tunique de même couleur; la main droite élevée comme pour donner quelque chose, et la gauche tenant le livre du *Canzoniere* relié de blanc. Pour inscription : DŌMINVS FRANCISCHVS PETRARCHA.

JEAN BOCCACE.

Fresque transportée sur toile.

Haute 2.52. — Large 1.64.

Il tourne un peu la tête à gauche; il est habillé d'une robe rouge avec capuce de même, et par dessus, d'une toge bleue à larges manches; il tient de ses deux mains le livre du Décaméron. Le nom de l'illustre nouvellier est ainsi écrit au bas : DOMINVS JOHANNES BOCCACIVS.

Toutes ces figures, plus grandes que nature, sont représentées debout dans des niches en perspective, avec leurs chambranles et leurs fonds couleur de marbre de porphyre ou autres pierres.

Andrea dal Castagno peignit ces images honorifiques pour Pandolfe Pandolfini à sa villa de Legnaia, peu distante de la porte San Frediano. Le premier à en faire mention fut Don François Albertini dans son mémorial imprimé en 1510, où il s'exprime en ces termes : «..... Et les belles salles de Pandolfe Pandolfini à Legnaia, » de la main d'*Andreino*, avec sibylles et hommes fameux florentins.» Postérieurement, Vasari et Baldinucci en parlèrent dans la vie d'Andrea dal Castagno; le dernier de ces écrivains est le seul qui indi-

que les noms de ceux qui furent portraits. « Dans la maison des
» Carducci, depuis des Pandolfini, il peignit plusieurs hommes
» célèbres, partie desquels d'après nature, c'est-à-dire d'après des
» effigies ressemblantes et d'après leurs propres visages. De ce
» nombre furent Pippo Spano florentin, ou mieux Filippo de la
» très-noble famille des Scolari, alliée aux Buondelmonti, comte
» de Temeswar en Hongrie; le Dante, Pétrarque, Boccace et
» autres. »

Après ces biographes, personne ne dit plus mot de ces fresques, généralement crues perdues, jusqu'à ce que leur existence ait
été de nouveau révélée en 1848 dans la réimpression de Vasari par
Félix Le Monnier, vol. IV, pag. 141, note 6.

En 1850, les héritiers Rinuccini, possesseurs de cette villa ré-
duite à servir à l'exploitation rurale, en firent détacher les fresques
pour les fixer sur toile.

Jusqu'à présent, Andrea dal Castagno fut réputé dur d'expression et de dessin, complètement étranger à la grace et au charme
du coloris. Mais cette opinion, basée sur des ouvrages insuffi-
samment établis comme de lui, tombe entièrement devant ces fresques authentiques. Personne désormais ne pourra porter un jugement sur ce peintre sans avoir vu auparavant et étudié ces effigies
d'illustres personnages qu'il a peintes avec une grandiosité d'art,
une sévérité de forme, une facilité, une résolution de dessin, une
vérité de coloris, une sûreté d'exécution dans le maniement de la
fresque, une science enfin si universelle, si accomplie, que difficil-
lement trouverait-on parmi tous ses contemporains, nous ne dirons
pas qui le surpasse, mais qui l'égale. Aussi force est-il de le clas-
ser au premier rang parmi les plus grands maîtres de l'école florentine.

TABLE.

TABLE DES NOMS DES PEINTRES,

PAR ORDRE ALPHABÉTIQUE.